NIEDERLÄNDISCH für Fortgeschrittene
NEDERLANDS voor gevorderden

**CORNELIS HUISMAN**
Dozent i. R. an der VOLKSHOCHSCHULE Wuppertal
Ehemaliger Lehrer für Niederländisch im Ressort
Personalförderung bei der ENKA AG Wuppertal

## IMPRESSUM

Hans Putty Verlag
D-5600 Wuppertal 1, Postfach 13 09 46

Copyright by Cornelis Huisman 1977

Umschlagentwurf: Helma Schröder

Fotos: Niederländisches Büro für Tourismus, 5000 Köln 1

Gestaltung: Cornelis Huisman

Druck: Nachdruck und Vervielfältigung (durch alle Verfahren) oder Übertragung auf Papier, Transparente oder andere Medien – auch auszugsweise – ohne vorherige Genehmigung des Verfassers nicht gestattet.

No part of this book may be reproduced in any form or by any means, print, photoprint, microfilm, without written permission of the author.

Alle Rechte vorbehalten.

1. Auflage 1977
2. Auflage 1984

ISBN 3-87650-019-2

# niederländisch für fortgeschrittene
# nederlands voor gevorderden

zweite
überarbeitete
Auflage

putty-verlag wuppertal

## Vorwort zur 2. Auflage

Diese neue Auflage von „Niederländisch für Fortgeschrittene" ist eine Fortsetzung des Buches „Niederländisch für Anfänger". In diese zweite Auflage sind viele Änderungen und Ergänzungen eingearbeitet, die sich aus der Praxis heraus als notwendig erwiesen haben.

Es hat sich u. a. gezeigt, daß die vorige Auflage zu umfangreich war, um – wie nötig – in zwei Semestern behandelt werden zu können. Das schon war eine Grund zur erheblichen Kürzung des ganzen Buches.

Die Lektionen sind im allgemeinen dieselben geblieben. Aber vor allem ist die Grammatik gekürzt, straffer und übersichtlicher geworden; Überflüssiges wurde weggelassen.

Damit ist, so hoffe ich, ein Buch entstanden, das im Unterricht für Fortgeschrittene in der niederländischen Sprache brauchbar ist. Was den Inhalt angeht, so mache ich darauf aufmerksam, daß die Lektionen 1–4 eine Einheit bilden; es sind vier „Briefe", die viel Wissenswertes von den Niederlanden beinhalten, aber darüber hinaus hat jeder „Brief" neue grammatische Eigenheiten und natürlich neue Vokabeln.

Alle Lektionen sollten sowohl den Dozenten wie auch den Kursteilnehmer anregen, das bereits Gelernte in die Praxis umzusetzen. Das heißt u. a., das Sprechen zu üben.

Die Teilnehmer sollten eine Lektion einmal in eigenen Wörtern nacherzählen oder von eigenen Erfahrungen, die dem Inhalt der betreffenden Lektion gleichen, berichten.

Wichtig ist dabei, daß der Dozent soviel wie möglich Niederländisch spricht und da, wo es nötig ist, einzelne Vokabeln übersetzt. Die Kursteilnehmer sollten angeregt werden, auch Niederländisch zu sprechen.

Um die Rechtschreibung zu fördern, ist es sehr zu empfehlen, daß der Dozent oft Diktate gibt, wobei die Kursteilnehmer entweder die gesprochenen niederländischen Sätze nachschreiben oder auch deutsche Sätze schriftlich ins Niederländische übersetzen. Außerdem sollte man Berichte aus niederländischen Zeitungen übersetzen, anfangs vielleicht mit Hilfe eines Wörterbuches, wodurch man den Wortschatz erweitern kann.

Durch diese grundsätzliche Umgestaltung sind die Bücher der 1. und 2. Auflage nicht nebeneinander zu verwenden.

Dieser Band umfaßt drei Teile:
1. Elf Lektionen mit
    a) Dialogen und Kurzgeschichten
    b) Grammatik und Verb-Listen mit deutscher Übersetzung
    c) Übungen
2. Das Lernen, Briefe zu schreiben
3. Lese- und Übersetzungstexte

Außerdem enthält das Buch viele Verb-Konjugationen und Grammatikbeispiele, die im Zusammenhang mit den Lektionen studiert werden. Dazu eine Liste der wichtigsten Abkürzungen in Niederländisch (Seite 000–000).

Ab Seite 000 folgt ein Wörterverzeichnis, aufgeteilt nach Lektionen.

Der didaktisch-methodische Aufbau des Buches ist für den Erwachsenenunterricht konzipiert und entsprechend entwickelt.

Wuppertal, im Juli 1983                    *DER VERFASSER*

# Inhoud

pag.

## Deel I

| | | | |
|---|---|---|---|
| Les | 1 | We gaan met vakantie | 8 |
| Les | 2 | We zijn in Nederland! | 19 |
| Les | 3 | Kruidkoek en kaas | 25 |
| Les | 4 | Pech in Nederland | 31 |
| Les | 5 | Een jubileum | 41 |
| Les | 6 | Ik hou van jou! | 52 |
| Les | 7 | Bezoek aan een fabriek | 61 |
| Les | 8 | Conversatie | 66 |
| Les | 9 | Een snipperdag | 73 |
| Les | 10 | Een vergadering | 80 |
| Les | 11 | Allerlei | 00 |
| Afkortingen | | | 00 |

## Grammatica

*Verbuigingen*

Hulpwerkwoorden ............................. 98
Enige zwakke (regelmatige) werkwoorden ................ 101
Enige zwakke werkwoorden met uitgang op -aai, -oei,-ooi ....... 107
Enige sterke (onregelmatige) werkwoorden ................ 108
Enige samengestelde zwakke en sterke werkwoorden .......... 123

## Deel II

Brieven schrijven ........................... 134
    a. sollicitatiebrieven ...................... 139
    b. persoonlijke brieven .................... 146
    c. zakenbrieven ........................ 146
    d. gelegenheidsbrieven .................... 151

## Deel III

De geschiedenis van het Koninkrijk der Nederlanden .......... 158
Iets over politiek en staatkunde ...................... 160
Iets over Nederland .............................. 161

Woordenlijst (Wörterverzeichnis) ...................... 172

# DEEL I

*LES 1*

## 1 A  We gaan met vakantie

Lieve Loes en beste Christiaan,
heel hartelijk dank voor de prospektussen van die V.V.V. die jullie ons hebben gestuurd. We hebben ze allemaal gelezen en een indruk gekregen van de vele mogelijkheden die er in Nederland zijn om met vakantie te gaan. Natuurlijk over de meest bekende steden en dorpen, maar ook over minder bekende gebieden, waarvan wij soms niet eens de naam kenden.
De Vereniging voor Vreemdelingenverkeer, zoals die in Nederland met de letters V.V.V. wordt afgekort, is zelfs hier een begrip. En wat geven ze mooie folders uit! Het is een genoegen om de kleurenfoto's te bekijken en we hebben dan ook veel zin om zo spoedig mogelijk met vakantie te gaan.
We verheugen er ons erg op jullie land te leren kennen.
We gaan met de auto en kunnen ons dus heel gemakkelijk verplaatsen.
Natuurlijk komen we jullie opzoeken. Maar wanneer, weten we nog niet precies. Dat hangt af van het verloop van ons reisplan en . . . hoe het ons onderweg bevalt. Als het ergens bijzonder mooi of interessant is, willen we er misschien wat langer blijven. Maar in elk geval komen we op onze reis ook bij jullie.
Vandaag heeft Hans de hele dag vergadering. Dat valt niet mee met het mooie zomerweer dat we nu al hebben. En daarna heeft hij nog een bespreking met twee vertegenwoordigers. Hij zal dus zeker niet vroeg thuiskomen.
Maar we zijn van plan vanavond de folders opnieuw te bekijken en dan willen we meteen de reisroute vaststellen langs de mooiste plekjes die in de prospektussen zijn genoemd of worden aanbevolen.
Praktisch is daarbij de toeristische autokaart van het National Bureau voor Toerisme, de landelijke centrale van alle V.V.V.'s in Nederland. Daar zullen we veel gemak van hebben.
Trouwens, ook de Toeristische Autokaart van de Koninklijke Nederlandse Automobiel Club - de K.N.A.C., zoals die in Nederland het meest bekend is (in de Bondsrepubliek hebben wij de A.D.A.C.) - is zeer overzichtelijk. Daarin staan 14 aanbevolen routes. We zullen daar stellig gebruik van maken. Maar ook de folders van de K.N.A.C. over de verkeersvoorschriften in Nederland zijn praktisch en die zal Hans, voor we op reis gaan, natuurlijk eerst grondig bestuderen.
Ik zal me wel het meest met de aantrekkelijke kanten van de reis, de bezienswaardigheden en het natuurschoon, moeten bezig houden. Dat doe ik natuurlijk graag.

**1**

Ik zou nog graag een folder over Madurodam, dat miniatuurstadje in Den Haag, willen hebben. Daar heb ik zoveel over gehoord en het moet zeer de moeite waard zijn het te gaan zien. Wil je me die nog sturen? Bij voorbaat dank. Over drie weken vertrekken we, tenzij er bij Hans iets tussen komt. Bepaalde werkzaamheden op de zaak en enige data voor besprekingen die hij moet verschuiven, maken het reisplan nog een beetje onzeker.
Hans moet er nodig eens een poosje uit.
Sinds twee jaar hebben we geen vakantie gehad en 't is voor hem ook nodig dat hij voor een paar weken uit de dagelijkse sleur komt.
Hij is wat nerveus en overspannen de laatste tijd.
Zo'n drie weken toeren door Nederland zal een prettige afwisseling zijn.
Zullen de bossen op de Veluwe en de frisse zeelucht aan de kust hem goed doen?
Ik denk het wel.
Als ik me niet vergis, verlangt hij net zo naar de vakantie als ik.
Jullie horen nog van ons.
Waarschijnlijk echter pas als we in Nederland zijn.
Tot ziens en heel hartelijke groeten van

                                        Inge (en natuurlijk ook van Hans).

PS: Doe jullie ouders de groeten van ons. Niet vergeten hoor!


Deze brief schreef Inge aan Loes en Christiaan, Nederlandse vrienden van haar en haar man. Zij zijn dus vrienden van elkaar. In de volgende drie lessen gaan Inge en Hans vertellen wat zij op hun vakantie in Nederland hebben beleefd.
Zij hebben in Duitsland de Nederlandse taal goed geleerd en kunnen hun brieven aan hun vrienden in Eindhoven dus in het Nederlands schrijven.


## 1 B  Grammatica

1. *Lieve Loes en beste Christiaan*
    Het bijvoegelijk naamwoord (Adjektiv) *lieve* wordt in het algemeen uitsluitend gebruikt tegenover vrouwelijke personen die men goed kent, of kinderen. Anders gezegd: in de familiaire betekenis.

# 1

Het bijvoeglijk naamwoord *beste* echter gebruikt men tegenover vrienden of manlijke familieleden. In het Duits betekenen beide *liebe(r)*.

2. Er wordt op gewezen, dat de meeste aan het Latijn ontleende woorden in de meervoudsvorm (Plural) de Latijnse uitgang krijgen.
Woorden die in het enkelvoud op *-us* eindigen, krijgen in het meervoud *-i*.
Bijvoorbeeld:

| *Enkelvoud* | *Meervoud* | |
|---|---|---|
| De politicus | De politici | (Der Politiker) |
| De fysicus | De fysici | (Der Physiker) |
| De chemicus | De chemici | (Der Chemiker) |
| De medicus | De medici | (Der Mediziner) |

Maar:

| Het prospektus | De prospektussen | (Der Prospekt) |

3. Woorden die in het enkelvoud de uitgang *-um* hebben, krijgen in het meervoud *-a*.
Bijvoorbeeld:

| Het gymnasium | De gymnasia | (Das Gymnasium) |
|---|---|---|
| Het lyceum | De lycea | (Das Lyceum) |
| Het museum | De musea | (Das Museum) |
| De datum | De data | (Das Datum) |

4. Enige andere meervoudsvormen zijn:

| De dokter | De dokters | (Der Arzt/Der Doktor – Die Ärztin/Die Doktorin) |
|---|---|---|
| De professor | De professoren | (Der Professor/Die Professorin) |
| De timmerman | De timmerlieden/ timmerlui | (Der Zimmermann) |
| De koopman | De kooplieden/ kooplui | (Der Kaufmann/Der Händler auf dem Markt) |
| De zeeman | De zeelieden/ zeelui | (Der Seemann) |

Een koopman heeft in het Nederlands een andere betekenis als *der Kaufmann* in het Duits.
Iemand die waren op de markt verkoopt, bijvoorbeeld, is een koopman (manlijk) of een koopvrouw (vrouwelijk).

5. *De meest bekende steden en dorpen*
   of
   *De minder bekende gebieden*
   zijn zinnen die in les 1 voorkomen.
   Het zijn superlatieven van *bekend:* bekend – bekender – het meest bekend. Of: minder bekend – het minst bekend.
   Meestal eindigt het superlatief op *-st(e):*

   | | | |
   |---|---|---|
   | groot | – groter | – grootst(e) |
   | klein | – kleiner | – kleinst(e) |
   | dik | – dikker | – dikst(e) |
   | dun | – dunner | – dunst(e) |
   | mooi | – mooier | – mooist(e) |

   Voorbeeld: Hij is het grootst – Zij is de grootste.

6. *Tenzij* (es sei denn)
   „Over drie weken vertrekken we, *tenzij* er bij Hans iets tussen komt".
   Deze zin uit de brief is, als in het Duits, een beperkende zinsvorm (ein einschränkender Satz) welke door het voegwoord (Konjugation) *tenzij* (es sei denn) wordt bepaald.
   Het tweede deel van de betreffende zin, na „tenzij", wordt steeds in de tegenwoordige tijd (Gegenwart) gesteld: tenzij er bij Hans iets tussen *komt.*
   Men kan inplaats van *tenzij* ook zeggen: „*wanneer er bij Hans niets tussen komt".* In dat geval wordt de negatieve zinswending gebruikt.

7. *Sinds en sedert*
   „Sinds twee jaar hebben we geen vakantie gehad . . ." (Seit zwei Jahren sind wir nicht in Urlaub gefahren/haben wir keinen Urlaub gehabt). Het voegwoord (Konjunktion) *sinds* (of *sedert*) wordt meestal gevolgd door een zin in het imperfekt of het perfekt.
   *Sinds* kan zowel mondeling als schriftelijk worden gebruikt. Zie daarvoor de aanhef van les 2.

8. *'t en 'n*
   In de zinnen (in de brief van Inge) „. . . *en 't is voor hem ook nodig"* en „*Zo'n drie weken toeren door Nederland"* zijn veel voorkomende – maar niet noodzakelijke – afkortingen van *het* respectievelijk *een.*

# 1

De eerste zin zou dus ook kunnen luiden:
„ . . . *en het is voor hem ook nodig"*

en de tweede zin:
*„Zo een drie weken toeren door Nederland"*

Zo zegt en schrijft men ook wel:

| | | |
|---|---|---|
| *'t Is vandaag mooi weer* | inplaats van | *Het is vandaag mooi weer* |
| *'t Gaat goed met hem* | „  „ | *Het gaad goed met hem* |
| *'n Beetje suiker alstublieft* | „  „ | *Een beetje suiker alstublieft* |
| *'n Aardig meisje* | „  „ | *Een aardig meisje* |

Wanneer men van deze afkortingen aan het begin van een zin gebruik maakt, dan moet *'t*, resp. *'n* klein geschreven worden en vangt de eigenlijke zin met een hoofdletter aan.

9. Zich *vergissen* (sich irren)

Het werkwoord *vergissen* wordt altijd met *zich* verbuigd als volgt:

| | | |
|---|---|---|
| Ik vergis mij/me | Vergis ik mij/me? | Heb ik mij/me vergist? |
| Jij vergist je | Vergis jij je? | Heb jij je vergist? |
| U vergist zich | Vergist u zich? | Heeft u zich vergist? |
| Hij vergist zich | Vergist hij zich? | Heeft hij zich vergist? |
| Zij vergist zich | Vergist zij zich? | Heeft zij zich vergist? |
| Wij vergissen ons | Vergissen wij ons? | Hebben wij ons vergist? |
| Jullie vergissen je | Vergissen jullie je? | Hebben jullie je vergist? |
| U vergist zich | Vergist u zich? | Heeft u zich vergist? |
| Zij vergissen zich | Vergissen zij zich? | Hebben zij zich vergist? |

Er zijn nog meer werkwoorden die met *zich* verbuigd worden:

zich in acht nemen (sich in acht nehmen) – zich amuseren (sich amüseren) – zich baden (sich baden) – zich (ergens mee) bemoeien (sich einmischen) – zich boos maken (böse werden) – zich druk maken (sich aufregen) – zich eenzaam voelen (sich einsam fühlen) – zich ergeren (sich ärgern) – zich kwaad maken (zornig werden) – zich overwerken (sich überarbeiten) – zich schamen (sich schämen) zich weren (sich wehren),
enzovoort.

## 10. Elkaar

*Elkaar* komt o.a. in de volgende zinswendigen voor:
Wij zien *elkaar* om 9 uur (Wir sehen *uns* um 9 Uhr)
Zij wandelen met *elkaar* (Sie spazieren *miteinander*)
Zij zijn vrienden van *elkaar* (Sie sind *miteinander* befreundet)
Treffen wij *elkaar* om half acht? (Treffen wir *uns* um halb acht?)
En:
Zij houden van *elkaar* (Sie lieben *sich*).

## 11. Zwakke- en sterke werkwoorden

### Het zwakke werkwoord

In het leerboek „Nederlands voor beginners" hebben wij onder andere in les 26 de verbuiging der zwakke werkwoorden in het imperfekt en het perfekt uitvoerig behandeld. Het kan nuttig zijn deze les nog eenmaal te bestuderen. We weten dus dat het woord 't *kofschip* daarbij een grote rol speelt om de regel te leren en te gebruiken. Ook in deze les blijven wij nog even bij de zwakke werkwoorden.
De *sterke werkwoorden* worden vooral in de lessen 3 en 4 behandeld.
Op de praktische regel van 't *kofschip* komen echter een paar uitzonderingen voor.
In de eerste plaats gaat het daarbij om woorden die in de grondvorm op -aai, -oei en -ooi eindigen.
Dan geldt namelijk niet de uitgangsletter *i* (die in 't *kofschip* voorkomt), doch moet de *i* in samenhang met de daarbij behorende letterklank worden gezien.
In deze gevallen komt in het imperfekt -*de(n)* en in het perfekt -*d* achter de stam.

*Enige voorbeelden:*

| | | | |
|---|---|---|---|
| *draaien* (drehen) | draai – | draaide – | gedraaid |
| *waaien* (wehen) | waait – | waaide – | gewaaid |
| *naaien* (nähen) | naai – | naaide – | genaaid |
| *maaien* (mähen) | maai – | maaide – | gemaaid |
| *bloeien* (blühen) | bloeit – | bloeide – | gebloeid |
| *roeien* (rudern) | roei – | roeide – | geroeid |
| *gloeien* (glühen) | gloeit – | gloeide – | gegloeid |
| *gooien* (werfen/schmeißen) | gooi – | gooide – | gegooid |
| *tooien* (schmücken/zieren) | tooi – | tooide – | getooid |

# 1

Regelmatige werkwoorden die in de grondvorm een *z* of een *v* hebben, krijgen in het imperfekt *-de* en in het perfekt *-d*. De *z* verandert in een *s*, de *v* in een *f*, behalve in de tegenwoordige tijd meervoud.

Vier voorbeelden:

*verhuizen* (umziehen / übersiedeln)

| Tegenw. tijd | Imperfekt | Perfekt |
|---|---|---|
| ik verhuis | ik verhuisde | ik ben verhuisd |
| jij verhuist | jij verhuisde | jij bent verhuisd |
| u verhuist | u verhuisde | u bent verhuisd |
| hij verhuist | hij verhuisde | hij is verhuisd |
| zij verhuist | zij verhuisde | zij is verhuisd |
| wij verhuizen | wij verhuisden | wij zijn verhuisd |
| jullie verhuizen | jullie verhuisden | jullie zijn verhuisd |
| u verhuist | u verhuisde | u bent verhuisd |
| zij verhuizen | zij verhuisden | zij zijn verhuisd |

*reizen* (reisen)

| | | |
|---|---|---|
| ik reis | ik reisde | ik heb gereisd |
| jij reist | jij reisde | jij hebt gereisd |
| u reist | u reisde | u heeft gereisd |
| hij reist | hij reisde | hij heeft gereisd |
| zij reist | zij reisde | zij heeft gereisd |
| wij reizen | wij reisden | wij hebben gereisd |
| jullie reizen | jullie reisden | jullie hebben gereisd |
| u reist | u reisde | u heeft gereisd |
| zij reizen | zij reisden | zij hebben gereisd |

*proeven* (kosten / versuchen)

| | | |
|---|---|---|
| ik proef | ik proefde | ik heb geproefd |
| jij proeft | jij proefde | jij hebt geproefd |
| u proeft | u proefde | u heeft geproefd |
| hij proeft | hij proefde | hij heeft geproefd |
| zij proeft | zij proefde | zij heeft geproefd |
| wij proeven | wij proefden | wij hebben geproefd |
| jullie proeven | jullie proefden | jullie hebben geproefd |
| u proeft | u proefde | u heeft geproefd |
| zij proeven | zij proefden | zij hebben geproefd |

beleven (erleben / erfahren)

| ik beleef | ik beleefde | ik heb beleefd |
| jij beleeft | jij beleefde | jij hebt beleefd |
| u beleeft | u beleefde | u heeft beleefd |
| hij beleeft | hij beleefde | hij heeft beleefd |
| zij beleeft | zij beleefde | zij heeft beleefd |
| wij beleven | wij beleefden | wij hebben beleefd |
| jullie beleven | jullie beleefden | jullie hebben beleefd |
| u beleeft | u beleefde | u heeft beleefd |
| zij beleven | zij beleefden | zij hebben beleefd |

12. *Nieuwe werkwoorden*

een indruk krijgen (einen Eindruck bekommen) – afkorten (abkürzen) – uitgeven (herausgeben) – bekijken (ansehen/besehen/begucken) – zin hebben (Lust haben) – zich verheugen (sich freuen) – zich verplaatsen (sich fortbewegen) – afhangen (abhängig sein) – bevallen (gefallen) – thuiskomen (heimkommen) – bestuderen (studieren) – vaststellen (feststellen) – aanbevelen (empfehlen) – gebruik maken (benutzen/ gebrauchen) – zich bezig houden (sich beschäftigen) – verschuiven (verschieben) – uit de dagelijkse sleur komen (aus dem Alltagstrott herauskommen) – overspannen zijn (abgespannt sein/überarbeitet sein) – toeren (eine Tour/einen Ausflug machen) – zich vergissen (sich irren) – verlangen (sich sehnen) – de groeten doen (schöne Grüße bestellen) – vertellen (erzählen) – beleven (erleben/erfahren).

## 1 C  Oefeningen

1. *Maak de volgende zinnen in het imperfekt:*

   a. Zij sturen ons prospectussen.
   b. Van sommige dorpen kennen wij niet de naam.
   c. Wij verheugen er ons op jouw land te leren kennen.
   d. Hij bestudeert de voorschriften.
   e. Zij stuurt een folder.
   f. Zij vergissen zich niet.

2. *Maak nu de zinnen uit oefening 1 in het perfekt:*

3. *Schrijf het meervoud van de volgende woorden op:*

   a. De datum
   b. De medicus
   c. De professor
   d. Het gymnasium
   e. De politicus
   f. Het museum
   g. De zeeman
   h. De koopman
   i. De chemicus
   j. De timmerman
   k. De dokter
   l. Het lyceum

4. *Schrijf de superlatieven op van de volgende woorden:*

   voorbeeld: klein – kleiner – kleinst

   a. dik  –  b. dun  –  c. groot  –  d. mooi  –  e. bescheiden

5. *Maak de volgende zinnen in het imperfekt* (schriftelijk):

   a. Het waait vannacht.
   b. De boer maait het gras.
   c. Hij gooit het geld niet uit het venster.
   d. Wij roeien op het meer.
   e. Als de wind waait, draait de molen.
   f. De bloemen bloeien al vroeg.
   g. Zij verhuizen naar een andere stad.
   h. Zij reizen veel tijdens de vakantie.

6. *Maak nu de zinnen uit oefening 5 in het perfekt* (schriftelijk):

7. *Geef antwoord op de volgende vragen:*

   a. Wat is het National Bureau voor Toerisme in Nederland?
   b. Wat betekenen de letters V.V.V.?
   c. Wat betekenen de letters K.N.A.C.?
   d. Wat is een toeristische autokaart?
   e. Bent u wel eens nerveus en overspannen?
   f. Moet u ook nodig eens met vakantie?

8. *Vertaal in het Nederlands:*
   a. Wir haben die vielen Prospekte erhalten. Vielen Dank!
   b. Wir haben sie alle gelesen.
   c. Wir haben den Eindruck, daß es in den Niederlanden noch viele Städte und Dörfer gibt, die wir nicht kennen.
   d. V.V.V. ist auch hier ein Begriff.
   e. Wir freuen uns sehr darauf, dein Land kennenzulernen.
   f. Es war uns eine Freude, die vielen Farbfotos anzusehen.
   g. Wann wir kommen, wissen wir noch nicht so genau.
   h. Es hängt davon ab, wie der Verlauf unseres Reiseplans sein wird.
   i. Wenn es uns unterwegs gut gefällt, kommen wir später.
   j. Hans ist heute den ganzen Tag in einer Versammlung.
   k. Nach dem Abschluß hat er eine Besprechung mit Vertretern.
   l. Wir möchten heute abend die Reisestrecke festlegen.
   m. Die touristische Autokarte ist sehr praktisch.
   n. Übrigens, die der K.N.A.C. ist auch sehr übersichtlich.
   o. Hans wird sich die niederländischen Verkehrsvorschriften ansehen.
   p. Ich werde mich mit den anziehenden Seiten der Reise, den Sehenswürdigkeiten, beschäftigen müssen.
   q. Ich hätte noch gerne einen Prospekt über Madurodam.
   r. In drei Wochen verreisen wir, es sei denn, es kommt etwas dazwischen.
   s. Er muß bestimmte Arbeiten im Geschäft und einige Termine für Besprechungen verschieben.
   t. Er muß unbedingt mal eine Weile heraus.
   u. Es ist nötig, daß er für ein paar Wochen aus dem Alltagstrott herauskommt.
   v. Die frische Seeluft wird ihm guttun.
   w. Wenn ich mich nicht irre, sehnt er sich genauso nach dem Urlaub wie ich.
   x. Sie sind Freunde / sind miteinander befreundet.
   y. Sie erzählen, was sie erlebt haben.

9. *Sluit het boek en maak een opstel of schrijf een brief over de inhoud van de brief van Inge.*

*LES 2*

## 2 A  We zijn in Nederland!

Lieve Loes,
sedert mijn vorige brief heb ik niets meer van mij laten horen. We hadden ook nog zoveel te doen.
Intussen zijn we al enige dagen in Nederland en . . . het bevalt ons tot dusver uitstekend!
Hans heeft zijn werk zo kunnen inrichten, dat we precies op de geplande datum konden vertrekken.
Hij had helaas geen tijd om zijn auto eerst te laten nakijken. Hopelijk gaat alles goed.
We zijn met mooi weer vertrokken en ook hier in Nederland is er elke dag zon. Het passeren van de grens verliep heel vlot. Er waren slechts drie personenauto's voor ons.
De vrachtwagens passeren een andere controlepost.
De Nederlandse marechaussee vroeg onze paspoorten of persoonsbewijzen. We hadden natuurlijk ook Hans' rijbewijs en het kentekenbewijs van de auto bij ons, maar behoefden die niet te tonen.
En natuurlijk hebben we een verzekering tegen wettelijke aansprakelijkheid.
Aan de grens heeft Hans in het grenswisselkantoor Duitse marken tegen Nederlandse guldens gewisseld.
In het V.V.V.-kantoor aan de grens kregen we een kleine geïllustreerde brochure met de afbeeldingen van de verkeersborden langs de wegen in Nederland. Er waren er bij die wij niet kenden, zodat Hans zich daar voor alle zekerheid eerst mee bezig hield.
En toen begon onze eigenlijke vakantie. We waren nu over de grens en . . . dus in Nederland.
We reden eerst richting Arnhem. Over deze stad waren we meteen enthousiast.
We weten dat Arnhem tijdens de tweede wereldoorlog heel erg werd verwoest. Maar de stad is heel mooi herbouwd. Het centrum maakt bovendien een vriendelijke indruk en toen we een parkeerplaats voor de auto hadden gevonden, hebben we een wandeling door de stad gemaakt.
De tuinaanleg in het centrum met de mooie bloemen en het vele groen vonden we prachtig. De winkelpromenade bij de Jansstraat was vol met mensen die boodschappen deden of zo maar wat wandelden.
En wat zag alles er schoon en fris uit!

# 2

Op een terrasje hebben we – naar Nederlandse gewoonte – gezellig een kopje koffie gedronken en daarna hebben we de Grote Kerk gezien; een werkelijk grote kerk in laat-gotische stijl, die tijdens de oorlog geheel werd verwoest, maar in de oorspronkelijke stijl ist herbouwd.

's Middags zijn we nog naar het Openluchtmuseum geweest, waar we alvast een indruk kregen van wat er in Nederland alzo te zien is: molens, boerderijen, bruggen en mensen in klederdrachten. Het was zeer interessant.

We hadden wel in Arnhem willen blijven, maar we wilden nog wat meer zien. Dit was pas het begin.

We zijn toen richting Apeldoorn gereden. De autowegen zijn prima en we hadden het zo naar onze zin in dit deel van de provincie Gelderland, dat we besloten vandaag niet verder dan Apeldoorn te gaan. Daar hebben we in een klein hotel gelogeerd dat we door bemiddeling van het V.V.V.-kantoor bij het station snel hadden gevonden en we besloten om de volgende dag de auto in Apeldoorn te laten staan.

Weet je wat we gedaan hebben?

Bij het station in Apeldoorn hebben Hans en ik ieder een fiets gehuurd! Ja, dat had je niet van ons verwacht, hè?

Het was een belevenis!

We hebben de hele dag door de Hooge Veluwe gefietst, dwars door de bossen en over de hei. Het was fantastisch!

Wat een rustige omgeving en wat een mooie natuur!

En overal in de bossen en ook op de heide zagen we bordjes met „Fietspad" er op. Op de fietspaden mogen uitsluitend fietsers rijden. Dat geeft een veilig gevoel.

Natuurlijk hebben we in Otterlo het Rijksmuseum Kröller-Müller bezocht. Het is een overzichtelijk ingericht museum met een enorme collectie schilderijen van Franse meesters en . . . van Vincent van Gogh. En niet te vergeten de prachtige tuin met beeldhouwwerken!

Morgen schrijf ik je weer!

Hartelijke groeten van<br>Inge

## 2 B Grammatica

1. *De fiets* of *het rijwiel*.

    Voor *das Fahrrad* kent men in het Nederlands twee begrippen: *de fiets* en *het rijwiel*.
    Met *rijwiel* is *Fahrrad* direkt vertaald. *Rijden* is *fahren*; *het wiel* is *das Rad*. Toch is in de omgangstaal alleen het woord *fiets* gebruikelijk. Men kent dan ook het werkwoord *fietsen* (radfahren).
    Het woord *rijwiel* is wat ouderwets, ofschoon nog wel de woorden *rijwielhandel* (Fahrradgeschäft) en *rijwielstalling* (Fahrradabstellplatz) voorkomen.
    Voor *rijwielstalling* gebruikt men echter steeds meer het woord *fietsenstalling*.
    Het bord (Schild) *Fietspad* en dikwijls nog het bord *Rijwielpad* ziet men bij wegen waar uitsluitend fietsers mogen rijden.

2. *Hulpwerkwoorden*

    In deze les komt de verbuiging voor van enige hulpwerkwoorden. Het gaat hier om de hulpwerkwoorden *kunnen* (können) en *willen* (wollen oder mögen).
    *Kunnen* is een *sterk* hulpwerkwoord, waarin de middenvokaal in het imperfekt verandert.
    *Willen* is een *zwak* hulpwerkwoord, waarin dat niet het geval is. Hier volgen nu de verbuigingen in de tegenwoordige tijd (Gegenwart), de onvoltooid verleden tijd (imperfekt) en de voltooid tegenwoordige tijd (perfekt).

    *Grondvorm*
    *kunnen* (können)

| Tegenw. tijd | Imperfekt | Perfekt |
|---|---|---|
| ik kan | ik kon | ik heb gekund |
| jij kunt | jij kon | jij hebt gekund |
| u kunt | u kon | u heeft gekund |
| hij kan | hij kon | hij heeft gekund |
| zij kan | zij kon | zij heeft gekund |
| wij kunnen | wij konden | wij hebben gekund |
| jullie kunnen | jullie konden | jullie hebben gekund |
| u kunt | u kon | u heeft gekund |
| zij kunnen | zij konden | zij hebben gekund |

Hiervan vinden we voorbeelden in les 2 A, namelijk in de volgende zinnen:

„Hans heeft zijn werk zo kunnen inrichten, dat we precies op de geplande datum *konden* vertrekken".

Men zou hier ook kunnen schrijven: *we hebben gekund,* maar het is niet gebruikelijk, evenmin trouwens als in het Duits.
Wel kan men zeggen: . . . dat we precies op de geplande datum *hebben kunnen vertrekken.*
Met andere woorden, men moet dan het hulpwerkwoord met de grondvorm van het hoofdwerkwoord verbinden. In dit geval *hebben* en *kunnen.*

3. Een ander, maar zwak hulpwerkwoord, is *willen* dat hier eveneens wordt verbuigd.

*Grondvorm*
*willen* (wollen/mögen)

| Tegenw. tijd | Imperfekt | Perfekt |
|---|---|---|
| ik wil | ik wilde | ik heb gewild |
| jij wilt | jij wilde | jij hebt gewild |
| u wilt | u wilde | u heeft gewild |
| hij wil | hij wilde | hij heeft gewild |
| zij wil | zij wilde | zij heeft gewild |
| wij willen | wij wilden | wij hebben gewild |
| jullie willen | jullie wilden | jullie hebben gewild |
| u wilt | u wilde | u heeft gewild |
| zij willen | zij wilden | zij hebben gewild |

Evenals het hulpwerkwoord *kunnen,* is *willen* in de *tegenwoordige tijd* afwijkend van de gangbare regel betreffende de uitgangs-t in de 3e persoon.
Maar naar de regel van 't Kofschip komt in het *imperfekt* achter de stam *-de,* resp. *-den.*
Gebruikt men echter de *perfekt*vorm, dan moet er òf een hoofdwerkwoord in de zin voorkomen (ik heb gewild dat je je huiswerk maakt), òf men moet het onzijdige lidwoord *het* gebruiken: ik heb *het* gewild.

Maar ook bij dit hulpwerkwoord geldt, dat de imperfektvorm de meest gebruikelijke is, wat trouwens voor alle hulpwerkwoorden geldt.

# 2

Wat het hulpwerkwoord *willen* betreft, kan hier opgemerkt worden dat men in het Nederlands in het *imperfekt* ook wel zegt: ik wou – jij wou – u wou – hij/zij wou – zij wouden, enz., maar aan te bevelen is de vorm die hierboven is aangegeven.

4. *Nieuwe werkwoorden:*

   laten horen (hören lassen) – inrichten (einrichten) – nakijken (prüfen) – passeren (passieren) – verlopen (verlaufen) – tonen (zeigen) – zich met iets bezig houden (sich mit etwas beschäftigen) – verwoesten (zerstören) – herbouwen (wiederaufbauen) – indruk maken (Eindruck machen / erwirken) – een indruk krijgen (einen Eindruck erhalten / bekommen) – logeren (übernachten) – besluiten (sich entschließen) – verwachten (erwarten) – fietsen (radfahren).


## 2 C  Oefeningen

1. *Maak de volgende zinnen in het imperfekt:*
   a. Ik wil haar een brief schrijven.
   b. Wij willen op tijd vertrekken.
   c. De grensbeambten willen onze paspoorten zien.
   d. Wilt u een wandeling maken?
   e. Zij wil boodschappen doen.
   f. Hij wil een fiets huren.

2. *Maak nu de zinnen uit oefening 1 in het perfekt.*

3. *Maak de volgende zinnen in het imperfekt:*
   a. Hij kan niet op tijd komen.
   b. Wij kunnen een wandeling door de stad maken.
   c. Zij huren een fiets.
   d. Aan de grens kan men geld wisselen.
   e. Ik moet mijn huiswerk maken.
   f. Zij kan de brief zonder fouten schrijven.
   g. U kunt op tijd hier zijn.

4. *Maak nu de zinnen uit oefening 3 in het perfekt.*

5. *Vul de ontbrekende letters in (in het imperfekt):*

   a. Hij pak . . . de koffers.
   b. Zij passeer . . . de grens.
   c. Ik wissel . . . geld.
   d. Zij huur . . . en fiets.
   e. Wij fiets . . . over de hei.

6. *Vul de ontbrekende letters in:*

   a. Hij heeft de koffers gepak . . .
   b. Ik heb geld gewissel . . .
   c. Dat heeft ons veel tijd bespaar . . .
   d. Zij hebben een fiets gehuur . . .
   e. Daarmee hebben zij door de Veluwe gefiets . . .
   f. De stad is mooi herbouw . . .
   g. Zij hebben in een hotel gelogeer . . .

7. *Vertaal in het Nederlands:*

   a. Der niederländischen Grenzpolizei muß man den Reisepaß oder den Personalausweis zeigen.
   b. Haben Sie einen Führerschein?
   c. Haben Sie eine Haftpflichtversicherung?
   d. Von Arnhem waren sie sofort begeistert.
   e. Sie haben einen Parkplatz gefunden.
   f. Das Freilichtmuseum ist sehr interessant.
   g. Wir haben in einem kleinen Hotel übernachtet.
   h. Sie haben Fahrräder gemietet.
   i. Auf den Fahrradwegen dürfen nur Radfahrer fahren.

# 3

*LES 3*

## 3 A  Kruidkoek en kaas

Lieve Loes,
gisteren heb ik je over onze eerste dag in Nederland geschreven. Vandaag vertel ik je van onze reis na onze fietstocht in de provincie Gelderland.
De volgende dag zijn we verder gegaan. Naar het Noorden, naar Leeuwarden namelijk, de hoofdstad van de provincie Friesland. Een heel ander landschap als dat in Gelderland, waarvan we de vorige dag zo hebben genoten.
In Friesland is het landschap vlak, met veel groene weiden, veel sloten en . . . veel koeien. Prachtbeesten zijn dat!
En onderweg hadden we weer een nieuwe belevenis: we kwamen in Giethoorn. Zijn jullie daar wel eens geweest? Ontzettend leuk!
Daar vindt bijna al het verkeer op het water plaats. Er zijn hier en daar wel trottoirs, maar zelfs de meeste kinderen gaan met kleine boten naar school en het vervoer van de grote melkbussen en zelfs de koeien vindt in die boten plaats.
Wij hebben natuurlijk zelf ook een tochtje door de sloten gemaakt onder smalle houten bruggen door. Het leek wel Venetië in het klein. Erg pittoresk!
In Leeuwarden hebben we de Waag uit het jaar 1598 gezien en de Oldenhoeve, een enorme kerktoren, maar . . . zonder kerk.
Wat ons in Friesland en natuurlijk ook in Leeuwarden opviel, is, dat men daar onder elkaar geen Nederlands spreekt.
We dachten eerst dat het een streekdialekt was dat de mensen daar spraken, maar we kwamen er achter dat de Friezen een eigen taal spreken: het Fries.
En ook dat het Fries een eigen literatuur heeft.
Tot besluit hebben we een grote Friese kruidkoek gekocht. Voor onderweg. Die was lekker!
De volgende dag gingen we naar „Holland" – een van de westelijke provincies van Nederland, namelijk de provincie Noord-Holland.
Dat deden we via de Afsluitdijk tussen de Noordzee aan de rechterkant en de voormalige Zuiderzee, die nu IJsselmeer heet, aan de linker.
Toen dwars door de Wieringermeerpolder! Je kunt je gewoon niet voorstellen dat hier vroeger een zee is geweest. Eigenlijk kun je zeggen dat Nederland zijn grondgebied vergroot door polders in de zee aan te leggen. Want er zijn er nog meer in de vroegere Zuiderzee. En, naar men ons vertelde, komen er nog meer, zodat er één binnenmeer overblijft.

# 3

Het IJsselmeer heeft nu zoet water, terwijl de Zuiderzee uit zout water bestond. Een knappe onderneming!
In Alkmaar troffen we het goed.
Het was vrijdagmorgen en dan is er in de zomer altijd kaasmarkt in het Waaggebouw in het centrum van de stad.
Met kaasdragers in hun witte costuums, die de Edammer kazen op een grote weegschaal wegen.
En van de toren speelde het carillon vrolijke wijsjes. Het was zeer de moeite waard en we hebben natuurlijk een stukje kaas geproefd en een ronde Edammer gekocht, voor thuis.
In Alkmaar hebben we ook nog benzine getankt. De pompbediende van het benzinestation vroeg of we super of gewone benzine wilden hebben; we hebben superbenzine genomen.
Zo Loes, dat was een lange brief vandaag, ofschoon ik lang niet alles heb geschreven.
Het lijkt wel een dagboek. Maar we zijn zo blij naar Nederland te zijn gekomen, dat ik jullie graag iets van onze ervaringen wilde vertellen.
Tot de volgende keer!

Hartelijke groeten, ook van Hans,<br>Inge

## 3 B Grammatica

1. *Zelfs* en *zelf* (sogar und selbst)

   Voorbeelden: . . . *zelfs* de meeste kinderen gaan met kleine boten naar school . . .
   Wij hebben natuurlijk ook *zelf* een tochtje door de sloten gemaakt . . .

2. *Ofschoon* (obwohl / obgleich / obschon) is een voegwoord, waarvoor men ook *hoewel* kan gebruiken.

   Voorbeeld: . . . ofschoon ik lang niet alles heb geschreven . . .
   of: . . . hoewel ik lang niet alles heb geschreven . . . (obwohl ich lange nicht alles geschrieben habe)

3. Adjektieven die op *-en* eindigen, worden, als zij vóór een zelfstandig

# 3

naamwoord (Substantiv) staan, niet veranderd.

Enige voorbeelden uit les 3 A:
hout*en* bruggen, eig*en* taal, eig*en* literatuur, enzovoort.

4. *Hulpwerkwoorden*

    *Grondvorm*
    *hebben* (haben)

    | Tegenw. tijd | Imperfekt | Perfekt |
    |---|---|---|
    | ik heb | ik had | ik heb gehad |
    | jij hebt | jij had | jij hebt gehad |
    | u heeft | u had | u heeft gehad |
    | hij heeft | hij had | hij heeft gehad |
    | ij heeft | zij had | zij heeft gehad |
    | wij hebben | wij hadden | wij hebben gehad |
    | jullie hebben | jullie hadden | jullie hebben gehad |
    | u heeft | u had | u heeft gehad |
    | zij hebben | zij hadden | zij hebben gehad |

    *zijn* (sein)

    | | | |
    |---|---|---|
    | ik ben | ik was | ik ben geweest |
    | jij bent | jij was | jij bent geweest |
    | u bent | u was | u bent geweest |
    | hij is | hij was | hij is geweest |
    | zij is | zij was | zij is geweest |
    | wij zijn | wij waren | wij zijn geweest |
    | jullie zijn | jullie waren | jullie zijn geweest |
    | u bent | u was | u bent geweest |
    | zij zijn | zij waren | zij zijn geweest |

5. Hier volgt nu de verbuiging van andere hulpwerkwoorden.

    *Grondvorm*
    *zullen* (sollen / werden)

    | Tegenw. tijd | Imperfekt | Perfekt |
    |---|---|---|
    | ik zal | ik zou | — |
    | jij zult | jij zou | — |
    | u zult | u zou | — |
    | hij zal | hij zou | — |

| | | |
|---|---|---|
| zij zal | zij zou | — |
| wij zullen | wij zouden | — |
| jullie zullen | jullie zouden | — |
| u zult | u zou | — |
| zij zullen | zij zouden | — |

*mogen* (dürfen)

| | | |
|---|---|---|
| ik mag | ik mocht | ik heb gemogen |
| jij mag | jij mocht | jij hebt gemogen |
| u mag | u mocht | u heeft gemogen |
| hij mag | hij mocht | hij heeft gemogen |
| zij mag | zij mocht | zij heeft gemogen |
| wij mogen | wij mochten | wij hebben gemogen |
| jullie mogen | jullie mochten | jullie hebben gemogen |
| u mag | u mocht | u heeft gemogen |
| zij mogen | zij mochten | zij hebben gemogen |

*moeten* (müssen)

| | | |
|---|---|---|
| ik moet | ik moest | ik heb gemoeten |
| jij moet | jij moest | jij hebt gemoeten |
| u moet | u moest | u heeft gemoeten |
| hij moet | hij moest | hij heeft gemoeten |
| zij moet | zij moest | zij heeft gemoeten |
| wij moeten | wij moesten | wij hebben gemoeten |
| jullie moeten | jullie moesten | jullie hebben gemoeten |
| u moet | u moest | u heeft gemoeten |
| zij moeten | zij moesten | zij hebben gemoeten |

*laten* (lassen)

| | | |
|---|---|---|
| ik laat | ik liet | ik heb gelaten |
| jij laat | jij liet | jij hebt gelaten |
| u laat | u liet | u heeft gelaten |
| hij laat | hij liet | hij heeft gelaten |
| zij laat | zij liet | zij heeft gelaten |
| wij laten | wij lieten | wij hebben gelaten |
| jullie laten | jullie lieten | jullie hebben gelaten |
| u laat | u liet | u heeft gelaten |
| zij laten | zij lieten | zij hebben gelaten |

# 3

Hierbij is op te merken dat de meeste hulpwerkwoorden onregelmatig zijn, zoals uit deze verbuigingen duidelijk blijkt.
Let vooral bij het hulpwerkwoord *mogen* op de *ch* die in het *imperfekt* voorkomt!
Maar duidelijk zal ook zijn, dat bij de hulpwerkwoorden *mogen, moeten* en *laten* het gebruik van het perfekt in de praktijk niet mogelijk is. Men kan zeggen: ik heb *het* gemogen, ik heb *het* gemoeten, ik heb *het* gelaten, wanneer men weet wat bedoeld is.
De meest gebruikelijke vorm is daarom de volgende verbuiging in het perfekt:

*mogen:*  ik heb het mogen doen / ik heb het gemogen
jij hebt het mogen doen / jij hebt het gemogen
u heeft het mogen doen / u heeft het gemogen
hij heeft het mogen doen / hij heeft het gemogen
zij heeft het mogen doen / zij heeft het gemogen
wij hebben het mogen doen / wij hebben het gemogen
jullie hebben het mogen doen / jullie hebben het gemogen
u heeft het mogen doen / u heeft het gemogen
zij hebben het mogen doen / zij hebben het gemogen

*moeten:* ik heb het moeten doen / ik heb het gemoeten
jij hebt het moeten doen / jij hebt het gemoeten
enzovoort

*laten:* ik heb het gelaten
jij hebt het gelaten
enzovoort

6. In tegenstelling tot het Duits, wordt in het Nederlands bij gebruik van een hulpwerkwoord, het hoofdwerkwoord aan het einde geplaatst. Bijvoorbeeld: Ik heb dat werk *moeten doen* (tun müssen)
ik heb niets van mij *laten horen* (hören lassen)
ik moest mijn paspoort *laten zien* (sehen lassen)
ik heb het glas *laten vallen* (fallen lassen)

7. *Nieuwe werkwoorden:*

genieten (genießen) – vervoeren (transportieren) – een tochtje maken (einen Ausflug machen) – opvallen (auffallen) – er achter komen (dahinterkommen) – zich voorstellen (sich vorstellen) – vergroten (erweitern) – aanleggen (anlegen / bauen) – overblijven (übrigbleiben) – wegen (wiegen) – de moeite waard zijn (der Mühe wert sein / sich lohnen) – proeven (kosten / versuchen).

## 3 C  Oefeningen

1. *Maak de volgende zinnen in het imperfekt:*
   a. Wij moeten ons huiswerk maken.
   b. Hij laat het glas vallen.
   c. De kinderen mogen met vakantie gaan.
   d. Ik mag een nieuwe mantel kopen.
   e. Hij is ziek.
   f. Zij hebben een nieuwe auto.
   g. Jullie zijn braaf.
   h. Zij zijn vanavond thuis.
   i. U moet de les leren.
   j. U bent altijd op tijd.

2. *Maak nu de zinnen uit oefening 1 in het perfekt.*

3. *Vul de ontbrekende hulpwerkwoorden in het perfekt in:*
   a. Zij hebben vakantie . . .
   b. Hij is ziek . . .
   c. Zij hebben naar het theater . . . gaan.
   d. U heeft op tijd . . . zijn.
   e. Ik heb het boek thuis . . .
   f. Wij zijn in Scheveningen . . .

4. *Maak de volgende zinnen volledig met gebruik van zelfs of zelf:*
   a. . . . de kinderen gaan met kleine boten naar school.
   b. . . . hebben wij ook met een bootje gevaren.
   c. Dat heb ik hem . . . gezegd.
   d. Het is . . . te warm om te werken.
   e. . . . de chef doet het . . .
   f. Hij heeft de brief . . . geschreven.
   g. Dat had je toch . . . kunnen doen?
   h. Zij maakt haar huiswerk altijd . . .

5. *Vertaal in het Nederlands:*
   a. Unterwegs hatten wir ein neues Erlebnis.
   b. Wir haben natürlich selbst auch einen Ausflug mit einem der kleinen Boote durch die Gräben in Giethoorn gemacht.
   c. In Leeuwarden haben wir einen friesischen Gewürzkuchen gekauft.
   d. Wir fuhren quer durch den Wieringermeerpolder.
   e. Man kann sich einfach nicht vorstellen, daß hier früher Wasser gewesen ist.
   f. Die Edamer Käse wurden auf einer großen Waage gewogen.
   g. Vom Turm spielte ein Glockenspiel lustige Melodien.
   h. Wir haben auch ein Stückchen Käse gekostet.
   i. Es war ein langer Brief, obwohl ich lange nicht alles geschrieben habe.

6. *Sluit het boek en maak nu een opstel over de inhoud van les 3 A.*

*LES 4*

## 4 A   Pech in Nederland

Beste Christiaan,
Inge vindt dat het nu mijn beurt is om jullie te schrijven. Bovendien voelt zij zich niet goed. De dokter is geweest en ze moet een paar dagen in bed blijven. Het is niet ernstig maar wel jammer, omdat we nu niet samen Amsterdam kunnen bekijken. Dat gaan we nu doen zodra Inge weer beter is.
Trouwens, na de eerste dagen in Nederland, waarin alles zo voorspoedig ging, hebben we wel een beetje pech gehad.
Toen we Alkmaar verlieten om naar Amsterdam te gaan en we juist Volendam met al die mensen in klederdrachten hadden gezien, kregen we bandenpech.
Ik begrijp het nog niet helemaal, want onze autobanden zijn nog tamelijk nieuw.
Gelukkig reed ik niet hard, zodat ik mijn wagen zonder moeite naar de kant van de weg kon manoeuvreren.
Ik had een reserveband bij me, die ik snel voor de kapotte band heb verwisseld. We reden een paar kilometer verder en toen . . . sloeg de motor af.
Ik wist niet waaran het lag en probeerde het euvel te verhelpen. En toen kwam er een ware redder in de nood: de Wegenwacht. Je weet wel, dat zijn die gele wagens van de A.N.W.B. die zowel voor die praktische borden met „Fietspad" er op, ook zorgt voor automobilisten die onderweg pech hebben.
De monteur van deze Wegenwacht heeft de motor gerepareerd, maar mij aanbevolen in Amsterdam een garage op te zoeken om de wagen te laten nakijken. Dat heb ik gedaan.
In een garage – dat is in Nederland tevens een werkplaats – hebben ze de koppeling nagezien, nieuwe zekeringen ingezet en de carburator ingesteld.
Ik heb de auto ook nog laten doorsmeren, de remmen laten bijstellen en de accu opladen. Tenslotte is de wagen ook nog gewassen en zijn de voorruit en de achterruit schoongemaakt.
Kort en goed, de wagen heeft een goede beurt gehad.
En toen begon het te regenen!
Waarschijnlijk heeft Inge toen kou gevat. Ze klaagde over pijn in haar keel en ze had koorts.
In het hotel is de dokter gekomen die haar een recept voor medicijnen gaf, die ik in een apotheek heb gehaald.

# 4

Het gaat nu al veel beter met haar en ik denk dat we morgen wel uit kunnen gaan.
Toch hebben we de eerste dag samen een wandeling door het centrum van Amsterdam kunnen maken.
Wat is Amsterdam een drukke en bovenal kosmopolitische stad! Men hoort er, geloof ik, alle talen. En soms ook nog . . . Nederlands! Dat zal wel vooral in de vakantietijd zo zijn.
We hebben over het Damrak geslenterd – een drukke boulevard, met veel terrassen voor de café's en restaurants waar je kunt drinken en eten. Op de Dam hebben we het Nationaal Monument en het Koninklijk Paleis gezien en . . . natuurlijk de duiven! Honderden van deze vogels vliegen over dit plein midden in de stad.
De Kalverstraat is al even druk en gezellig als het Muntplein en het Rembrandtsplein met ook zoveel caféterrassen.
Op het Leidse Plein – dat is wel het uitgaanscentrum van Amsterdam, geloof ik – waren we 's avonds zelfs in de Stadsschouwburg, waar een ballet-uitvoering werd gegeven. De volgende dag was Inge ziek.
De komende dagen willen we hier zeker nog blijven en ook naar het strand van Zandvoort gaan. Dan gaat de reis verder naar Den Haag. Daar willen we onder andere het Vredespaleis en de parlementsgebouwen bezichtigen. En natuurlijk het miniatuurstadje Madurodam. Dat moet bijzonder interessant zijn en een beeld geven van jouw land in miniatuur. We hebben daarvan al zoveel gehoord en folders en foto's gezien, dat we dat niet willen missen. En dan gaan we ook nog, als het mooi weer is, naar de badplaats Scheveningen.
Daarna willen we naar Rotterdam met de grootste zeehaven van de wereld. En dan gaan we via de beroemde Deltawerken naar Eindhoven, waar we jullie hopen te bezoeken.
Daar heb ik vooral belangstelling voor het „Evoluon", het museum van de hedendaagse techniek en Inge wil er zo graag naar een tentoonstelling van moderne kunst in het Van Abbemuseum.
Wat we daarna gaan doen, staat nog niet vast. Misschien hebben jullie zin en tijd om een paar dagen met ons naar Zuid-Limburg te gaan? Maastricht en de omgeving met het Drielandenpunt bij Vaals zouden we graag bezoeken, om dan via Aken naar huis terug te gaan.
Dan zit de vakantie er weer op. Inge wil jullie morgen ook nog schrijven. We bellen jullie op zodra we weten wanneer we in Eindhoven zullen aankomen. We verheugen er ons op jullie gauw weer te zien. Heel hartelijke groeten, ook aan Loes van ons beiden.

Hans.

# 4

## 4 B  Grammatica

1. *Zwakke en sterke werkwoorden*

    In deze les – de brief van Hans – komen veel zwakke en sterke werkwoorden voor die in het imperfekt of in het perfekt zijn verbuigd: de dokter *is geweest* – alles *ging* zo voorspoedig – we *hebben* pech *gehad* – toen we Alkmaar *verlieten* – klederdrachten *hadden gezien* – *kregen* we pech – ik *reed* niet hard – ik *kon* de wagen naar de kant van de weg manoeuvreren – ik *had* een reserveband bij me – ik *heb* de kapotte band *verwisseld* – de motor *sloeg* af – ik *wist* niet waaran het *lag* – ik *probeerde* het euvel te verhelpen – toen *kwam* er een ware redder in de nood – de monteur *heeft* de motor *gerepareerd* – hij *heeft* mij *aanbevolen* – dat *heb* ik *gedaan* – ze *hebben* de koppeling *nagezien* – ze *hebben* nieuwe zekeringen *ingezet* – ze *hebben* de carburator *nagezien* – ik *heb* de auto *laten* doorsmeren – ik *heb* de remmen *laten* bijstellen – de wagen *heeft* een goede beurt *gehad* – het *begon* te regenen – ze *klaagde* over pijn – de dokter *is gekomen* die haar een recept voor medicijnen *gaf* – we *hebben* over het Damrak *geslenterd* – we *waren* in de Stadsschouwburg – er *werd* een balletuitvoering *gegeven*.

    Dit zijn enige voorbeelden uit de brief van Hans die duidelijk maken dat hier verschillende vormen van imperfekt en perfekt zijn gebruikt.

2. *Nogmaals het* **zwakke werkwoord**

    Op de volgende bladzijden staan enige *zwakke* (regelmatige) *werkwoorden* die in deze les voorkomen.

    In het *imperfekt* wordt achter de stam -te of -de geschreven (naar de regel van *'t kofschip*), terwijl de meervoudsvorm natuurlijk nog een -*n* krijgt.

    Bij het *perfekt* komt *ge*- vóór de stam en aan het einde -*d* of -*t*, ook weer naar de regel van *'t kofschip*.

    Bovendien worden in het perfekt de hulpwerkwoorden *hebben* en *zijn* gebruikt.

    Persoonlijke voornaamwoorden (Pronomen) in accusatief (Akkusativ) en datief (Dativ) (*mij/me, je, zich* of *ons*) worden áchter het hulpwerkwoord gevolgd door het hoofdwerkwoord met ge- er voor.

# 4

*Grondvorm: zich voelen* (sich fühlen)

| Tegenw. tijd | Imperfekt | Perfekt |
|---|---|---|
| ik voel mij | ik voelde mij/me | ik heb mij (goed) gevoeld |
| jij voelt je | jij voelde je | jij hebt je (goed) gevoeld |
| u voelt zich | u voelde zich | u heeft zich (goed) gevoeld |
| hij voelt zich | hij voelde zich | hij heeft zich (goed) gevoeld |
| zij voelt zich | zij voelde zich | zij heeft zich (goed) gevoeld |
| wij voelen ons | wij voelden ons | wij hebben ons (goed) gevoeld |
| jullie voelen je | jullie voelden je | jullie hebben je (goed) gevoeld |
| u voelt zich | u voelde zich | u heeft zich (goed) gevoeld |
| zij voelen zich | zij voelden zich | zij hebben zich (goed) gevoeld |

*Grondvorm: verwisselen* (auswechseln)

| | | |
|---|---|---|
| ik verwissel | ik verwisselde | ik heb verwisseld |
| | wij verwisselden | wij hebben verwisseld |

*Grondvorm: proberen* (probieren / versuchen)

| | | |
|---|---|---|
| ik probeer | ik probeerde | ik heb geprobeerd |
| | wij probeerden | wij hebben geprobeerd |

*Grondvorm: repareren* (reparieren)

| | | |
|---|---|---|
| ik repareer | ik repareerde | ik heb gerepareerd |
| | wij repareerden | wij hebben gerepareerd |

*Grondvorm: bijstellen* (nachstellen)

| | | |
|---|---|---|
| ik stel bij | ik stelde bij | ik heb bijgesteld |
| | wij stelden bij | wij hebben bijgesteld |

*Grondvorm: klagen* (klagen)

| | | |
|---|---|---|
| ik klaag | ik klaagde | ik heb geklaagd |
| | wij klaagden | wij hebben geklaagd |

*Grondvorm: slenteren* (schlendern)

| | | |
|---|---|---|
| ik slenter | ik slenterde | ik heb geslenterd |
| | wij slenterden | wij hebben geslenterd |

Uitzonderingen zijn onder andere de werkwoorden wassen en lachen:

Grondvorm: wassen (waschen)
ik was             ik waste          ik heb gewassen
                   wij wasten        wij hebben gewassen
                                     (ook: hij is gewassen /
                                     de wagen is gewassen)

Grondvorm: lachen (lachen)
ik lach            ik lachte         ik heb gelachen
                   wij lachten       wij hebben gelachen

Voor een uitvoerige lijst van zwakke werkwoorden verwijzen wij naar bladzijde 101 e.v.

3. **Sterke werkwoorden**

De verbuiging van de *sterke (onregelmatige) werkwoorden* is gecompliceerder.

Men onderscheidt bij de sterke werkwoorden 7 groepen, waarbij de klinker (Selbstlaut) in het imperfekt en het perfekt verandert.

Hier volgen deze 7 groepen:

*1e groep:*

dat zijn de sterke werkwoorden die in de grondvorm een *ij* als klinker hebben. Dan krijgt het imperfekt in plaats van de *ij*, *ee* en het perfekt *e*.

Voorbeeld: bijten: bijt – beet – gebeten
           grijpen: grijp – greep – gegrepen

*2e groep:*

dat zijn de sterke werkwoorden die in de grondvorm *ie* of *ui* als klinker hebben.
In beide gevallen krijgt het imperfekt *oo* en het perfekt *o*.

Voorbeeld: genieten: geniet – genoot – genoten
           buigen: buig – boog – gebogen

*3e groep:*

dat zijn de meeste sterke werkwoorden die in de grondvorm de korte *i* of de korte *e* als klinker hebben.
Imperfekt en perfekt krijgen dan de korte *o* als klinker.

Voorbeeld: binden: bind – bond – gebonden
bergen: berg – borg – geborgen

*4e groep:*

dat zijn de sterke werkwoorden die in de grondvorm *e* hebben en in het imperfekt de korte *a* en in het perfekt *o* krijgen.

Voorbeeld: bevelen: beveel – beval – bevolen
breken: breek – brak – gebroken
nemen: neem – nam – genomen

*5e groep:*

dat zijn de sterke werkwoorden die eveneens in de grondvorm *e* hebben, doch waarvan de klinker alleen in het imperfekt verandert en wel in de korte *a*. De perfektvorm behoudt de grondvorm met *ge* (of *geg*) ervoor.

Voorbeeld: meten: meet – mat – gemeten
eten: eet – at – gegeten

**Men moet hierbij wel bedenken dat tot deze groep uitzonderingen behoren. Men doet er goed aan die aan de hand van de bladzijden 108–123 opgenomen alfabetische lijsten van een groot aantal veel voorkomende sterke werkwoorden goed te leren!**

*6e groep:*

ook deze groep bevat uitzonderingen. Veelal kan men zeggen dat bij werkwoorden die in de grondvorm *a* hebben, in het imperfekt de klinker *oe* of *ie* wordt en het perfekt wordt gevormd door de grondvorm met *ge* ervoor.

Als bijvoorbeeld in
dragen: draag – droeg – gedragen
varen: vaar – voer – gevaren
slapen: slaap – sliep – geslapen
vallen: val – viel – gevallen

# 4

*7e groep:*

deze groep omvat werkwoorden die zeer onregelmatig zijn. Een algemene regel is hiervoor niet te geven.

Enige voorbeelden:
brengen: breng – bracht – gebracht
kopen: koop – kocht – gekocht
lopen: loop – liep – gelopen
komen: kom – kwam – gekomen
zwerven: zwerf – zwierf – gezworven

*Een groot aantal verbuigingen van de 7 groepen sterke werkwoorden vindt men op blz. 108 e.v.*

*Leer de vormen van deze 7 groepen uit het hoofd!*

4. **Nieuwe werkwoorden:**

zich niet goed voelen (sich nicht wohl fühlen) – in bed blijven (im Bett bleiben) – pech hebben (Pech haben) – hard rijden (schnell fahren) – manoeuvreren (manövrieren) – verwisselen (auswechseln) – afslaan van de motor (aussetzen des Motors) – verhelpen (beheben) – aanbevelen (empfehlen) – laten nakijken (überholen lassen / prüfen lassen) – de koppeling nazien (die Kupplung nachsehen) – een zekering inzetten (eine Sicherung auswechseln) – de carburator instellen (den Vergaser einstellen) – doorsmeren (abschmieren) – de accus opladen (die Batterie aufladen) – schoonmaken (saubermachen / putzen) – een goede beurt geven (richtig prüfen lassen) – kou vatten (sich erkälten) – klagen (klagen) – koorts hebben (Fieber haben) – slenteren (schlendern) – ziek zijn (krank sein) – bezichtigen (besichtigen) – missen (verfehlen / verpassen / versäumen) – zich verheugen (sich freuen) – er op zitten (vorbei sein).

## 4 C  Oefeningen

1. *Noem de 7 groepen sterke werkwoorden.*

2. *Maak de volgende zinnen in het imperfekt:*

   a. Zij voelt zich niet goed.
   b. We gaan de stad bekijken.

     c. Ik begrijp het niet helemaal.
     d. We rijden een paar kilometer.
     e. De monteur repareert de motor.
     f. Het begint te regenen.
     g. Inge vat kou.
     h. Zij klaagt over pijn in haar keel.
     i. Op de Dam zien we de duiven.
     j. Wij bellen jullie op.

3. *Maak de volgende zinnen in het perfekt:*
     a. De dokter komt.
     b. Alles gaat voorspoedig.
     c. We hebben bandenpech.
     d. Ik rij (d) niet hard.
     e. Ik manoeuvreer de wagen naar de kant van de weg.
     f. Ik verwissel de band.
     g. Hij beveelt mij aan een garage op te zoeken.
     h. Ik laat de auto doorsmeren.
     i. Hij laat de auto wassen.
     j. De dokter geeft haar een recept.
     k. We krijgen een eerste indruk van de hoofdstad.

4. *Maak de volgende zinnen in het imperfekt:*
     a. Ik kan hem niet helpen.
     b. Wij kunnen niet zo vroeg komen.
     c. Kunt u niet op tijd komen?
     d. Hij wil wel maar hij kan niet komen.
     e. Zij willen allen naar Nederland.
     f. Hij zal om 9 uur hier zijn.
     g. Wij zullen naar Groningen gaan, maar het kan niet omdat wij moeten werken.
     h. Mag u dat doen?
     i. Hij laat het glas vallen.
     j. Zij moeten wachten tot de trein kan vertrekken.

5. *Maak de volgende zinnen in het perfekt:*
     a. Hij wil komen.
     b. Wij willen Nederlands leren.

c. Hij moet voor zaken naar Amsterdam.
d. Hij laat het glas vallen.
e. De chef laat de brief schrijven.
f. Zij bouwen een huis.
g. Hij kan al goed Nederlands lezen.
h. Zij mogen naar de bioscoop.
i. Ik heb veel vrienden op bezoek.
j. Zij krijgt op haar verjaardag mooie bloemen.
k. De buren zijn thuis.
l. Hij is op reis.
m. Zij fietsen door de bossen en over de hei.

6. *Geef een eerlijk antwoord op de volgende vragen:*
   a. Kunt u auto rijden?
   b. Heeft u een rijbewijs?
   c. Heeft u wel eens bandenpech gehad?
   d. Heeft u wel eens auto's van de Wegenwacht gezien?
   e. Heeft u wel eens kou gevat?
   f. Bent u wel eens in Nederland geweest?
   g. Voelt u zich niet goed?

7. *Vertaal in het Nederlands:*
   a. Inge fühlt sich nicht wohl.
   b. Sie ist erkältet und hat Fieber.
   c. Als wir Alkmaar gerade verlassen hatten und in Volendam die Menschen in holländischer Tracht gesehen hatten, hatten wir Pech mit den Reifen.
   d. Haben Sie in Ihrem Leben mal Pech gehabt?
   e. Ich konnte meinen Wagen rechtzeitig zur Seite des Weges manövrieren.
   f. Was ist denn „Wegenwacht"? Können Sie das auf Niederländisch erzählen?
   g. Was bedeutet auf Niederländisch A.N.W.B.?
   h. Hat man in Ihrem Wagen auch mal die Kupplung nachgesehen?
   i. Man hat auch die Sicherungen ausgewechselt.
   j. Ich habe die Bremsen nachstellen lassen.
   k. Die Batterie ist aufgeladen.
   l. Man hört in Amsterdam, so glaube ich, fast alle Sprachen.
   m. In den Geschäftsstraßen war es sehr lebhaft.

**4**

n. Im Städtischen Schauspielhaus haben wir eine Ballettaufführung gesehen.
o. „Evoluon" in Eindhoven ist ein Museum der gegenwärtigen Technik.
p. Inge möchte so gerne eine Ausstellung von moderner Kunst besuchen.
q. Vielleicht habt Ihr Lust, ein paar Tage mit uns nach Südlimburg zu fahren?
r. Wir rufen euch an, sobald wir wissen, wann wir in Eindhoven ankommen.
s. Wir freuen uns darauf, euch bald wiederzusehen.
t. Viele herzliche Grüße!

*LES 5*

# 5 A  Een jubileum

Dr. Gustaaf Blikslager, hoofd van de afdeling Personeelszaken, vierde eergisteren zijn 25-jarig jubileum bij onze onderneming. De „Blauwe Zaal" van het hoofdkantoor was feestelijk met bloemen en planten versierd en men verwachtte veel gasten. Natuurlijk het gezamenlijk personeel, maar ook de direktie en leden van de Raad van Bestuur.
Toen de heer Blikslager, begeleid door zijn echtgenote en hun twee kinderen om klokslag 4 uur de zaal betrad, begroette een der direkteuren, drs. Buwalda, de familie Blikslager.
In zijn feestrede zei de voorzitter van de Raad van Bestuur, mr. Zevenaar, dat hij het een voorrecht achtte de jubilaris temidden van een zo groot gezelschap te mogen begroeten.
Hij roemde de verdiensten van de heer Blikslager, die niet alleen de afdeling Personeelszaken als psycholoog zo voortreffelijk leidde, maar ook als mens en vaderlijke vriend, velen dikwijls goede raad geeft in moeilijke situaties.
„Daarmee heeft u zich in de afgelopen vijfentwintig jaren niet alleen een medewerker getoond die men zeer schatte, maar ook een vriend en raadsman die men bijzonder achtte", zo zei de heer Zevenaar.
„U zette problemen op eenvoudige wijze uiteen", zo ging hij voort, „en verraadde telkens weer dat u de juiste man op de juiste plaats bent.
Wanneer er moeilijkheden waren, praatte u rustig over de kwestie en antwoordde op vragen die men u stelde. Dikwijls redde u een pijnlijke situatie en als wij na een moeilijk debat uit elkaar gingen, scheidden zich onze wegen zonder gevoelens van onbehagen. Uw verdiensten voor de onderneming schatten wij zeer hoog en zullen wij, naar wij hopen, nog vele jaren mogen blijven schatten. Ik feliciteer u uit naam van de Raad van Bestuur, de direktie en al onze medewerkers van harte met uw zilveren jubileum en wens u voor de komende jaren een blijvende goede gezondheid ten behoeve van uzelf, van uw gezin en van onze onderneming", zo besloot mr. Zevenaar zijn feestrede.
Namens de technische afdeling voerde ir. Bruinsma het woord en drs. Schroot sprak uit naam van de bedrijfsleiding woorden van achting en waardering en hij prees de goede samenwerking met de jubilaris. Beide sprekers lieten hun woorden vergezeld gaan van mooie cadeaus en bloemen voor mevrouw Blikslager.
Dr. Blikslager antwoordde op de redevoeringen van de sprekers met woorden van dank.

# 5

Daarna werd champagne geserveerd. Iedereen stootte zijn of haar glas met dat van de jubilaris aan en klonk op zijn gezondheid.
Terwijl de receptie in volle gang was en iedereen de heer Blikslager de hand drukte en hem feliciteerde met zijn jubileum, bereidde men het diner voor dat dr. Blikslager en vele genodigden werd aangeboden.
In de keuken braadden de koks het vlees en men zette de wijn op temperatuur. Voor het dessert bakten zij grote taarten.
Het werd een groot feest waarover iedereen de volgende dag praatte.
Het is laat geworden, toen men na afloop afscheid nam. Wij scheidden ongaarne van deze zo geslaagde dag.


## 5 B Grammatica

1. *Gemengde verbuigingen*

    Dat zijn regelmatige werkwoorden die in het imperfekt op *-te(n)* of op *-de(n)* eindigen, naar de regel van *'t kofschip*.
    Het perfekt bestaat uit de grondvorm, doch krijgt *ge* ervoor.
    Ook als adjektief wordt de perfektvorm gebruikt.
    Bijvoorbeeld: het gebakken brood, het gebrouwen bier, de gevouwen handen, enzovoort.

    *Grondvorm: bakken* (backen)

    | *Tegenw. tijd* | *Imperfekt* | *Perfekt* |
    |---|---|---|
    | ik bak | ik bakte | ik heb gebakken |
    | wij bakken | wij bakten | wij hebben gebakken |

    *Grondvorm: brouwen* (brauen)

    | | | |
    |---|---|---|
    | ik brouw | ik brouwde | ik heb gebrouwen |
    | wij brouwen | wij brouwden | wij hebben gebrouwen |

    *Grondvorm: lachen* (lachen)

    | | | |
    |---|---|---|
    | ik lach | ik lachte | ik heb gelachen |
    | wij lachen | wij lachten | wij hebben gelachen |

    *Grondvorm: malen* (mahlen)

    | | | |
    |---|---|---|
    | ik maal | ik maalde | ik heb gemalen |
    | wij malen | wij maalden | wij hebben gemalen |

# 5

Grondvorm: *vouwen* (falten)

| | | |
|---|---|---|
| ik vouw | ik vouwde | ik heb gevouwen |
| wij vouwen | wij vouwden | wij hebben gevouwen |

Grondvorm: *wassen* (waschen)

| | | |
|---|---|---|
| ik was | ik waste | ik heb gewassen |
| wij wassen | wij wasten | wij hebben gewassen |

2. *Andere regelmatige werkwoorden*

hebben in het imperfekt de *tegenwoordige tijd eerste persoon* als stam en krijgen daarachter *-te* of *-de* resp. *-ten* of *-den*, naar de regel van *'t kofschip*.
Daardoor ontstaat het gebruik van de dubbele konsonant *tt* of *dd*.
Zo bijvoorbeeld in de volgende verbuigingen:

Grondvorm: *achten* (achten/ehren)

| Tegenw. tijd | Imperfekt | Perfekt |
|---|---|---|
| ik acht | ik ach*tte* | ik heb geacht |
| wij achten | wij ach*tten* | wij hebben geacht |

Grondvorm: *antwoorden* (antworten)

| | | |
|---|---|---|
| ik antwoord | ik antwoor*dde* | ik heb geantwoord |
| wij antwoorden | wij antwoor*dden* | wij hebben geantwoord |

Grondvorm: *baden* (baden)

| | | |
|---|---|---|
| ik baad | ik baa*dde* | ik heb gebaad |
| wij baden | wij baa*dden* | wij hebben gebaad |

Grondvorm: *bloeden* (bluten)

| | | |
|---|---|---|
| ik bloed | ik bloe*dde* | ik heb gebloed |
| wij bloeden | wij bloe*dden* | wij hebben gebloed |

Grondvorm: *braden* (braten)

| | | |
|---|---|---|
| ik braad | ik braa*dde* | ik heb gebraden |
| wij braden | wij braa*dden* | wij hebben gebraden |

Grondvorm: *groeten* (grüßen)

| | | |
|---|---|---|
| ik groet | ik groe*tte* | ik heb gegroet |
| wij groeten | wij groe*tten* | wij hebben gegroet |

# 5

*Grondvorm: heten* (heissen)

| ik heet | ik hee*tte* | ik heb geheten |
|---|---|---|
| wij heten | wij hee*tten* | wij hebben geheten |

*Grondvorm: laden* (laden)

| ik laad | ik laa*dde* | ik heb geladen |
|---|---|---|
| wij laden | wij laa*dden* | wij hebben geladen |

*Grondvorm: leiden* (leiten/führen)

| ik leid | ik lei*dde* | ik heb geleid |
|---|---|---|
| wij leiden | wij lei*dden* | wij hebben geleid |

*Grondvorm: praten* (plaudern)

| ik praat | ik praa*tte* | ik heb gepraat |
|---|---|---|
| wij praten | wij praa*tten* | wij hebben gepraat |

*Grondvorm: raden* (raten)

| ik raad | ik raa*dde* | ik heb geraden |
|---|---|---|
| wij raden | wij raa*dden* | wij hebben geraden |

*Grondvorm: redden* (retten)

| ik red | ik re*dde* | ik heb gered |
|---|---|---|
| wij redden | wij re*dden* | wij hebben gered |

*Grondvorm: verraden* (verraten)

| ik verraad | ik verraa*dde* | ik heb verraden |
|---|---|---|
| wij verraden | wij verraa*dden* | wij hebben verraden |

*Grondvorm: verwachten* (erwarten)

| ik verwacht | ik verwach*tte* | ik heb verwacht |
|---|---|---|
| wij verwachten | wij verwach*tten* | wij hebben verwacht |

*Grondvorm: zetten* (setzen/stellen)

| ik zet | ik ze*tte* | ik heb gezet |
|---|---|---|
| wij zetten | wij ze*tten* | wij hebben gezet |

Andere regelmatige werkwoorden vindt men op bladzijde 101 e.v.

# 5

3. *Academische titels*

Uit les 5 A blijkt dat de heer Blikslager doctor in psychologie is: hij is psycholoog.
Tijdens de receptie werd gesproken door *mr.* Zevenaar, *ir.* Bruinsma en *drs.* Schroot, terwijl de jubilaris *dr.* Blikslager was.
Eerst de „vertaling" van de afkortingen van deze academische titels:

*Mr.* = Meester in de Rechten (Volljurist)
*Ir.* = Ingenieur (Diplom-Ingenieur)
*Drs.* = Doctorandus (een academische graad die iemand krijgt na de beeindiging van de universitaire studie. Men spreekt dan van het doctoraal examen).

Naar de geldende academische normen is een meester in de Rechten een doctorandus in de Rechtswetenschappen;
een ingenieur een doctorandus in een technische- of daarmee gelijk te stellen wetenschap.
Dit houdt in, dat zowel de mr. als de ir. en de drs. het recht hebben te kunnen promoveren in de wetenschap die hij of zij met een doctoraal examen heeft afgesloten.
Zo ontstaat de titel doctor (afgekort: dr.). Wanneer men deze academische titel heeft, vervalt automatisch de titel van het doctoraal examen.
Wordt iemand die mr. in de Rechten is, bijvoorbeeld bovendien doctor in economie, dan krijgt hij beide titels voor zijn/haar naam. Iemand die een juridische practijk uitoefent, zal in dát geval mr. dr. voor zijn/haar naam (kunnen) schrijven.
Een jurist echter, die doctor in economie wordt en *als zodanig* een beroep gaat uitoefenen, schrijft dan echter dr. mr. voor zijn/haar naam.
Hetzelfde geldt ook voor de titel drs.
Met uitzondering van de hoogleraar, wordt niemand met zijn/haar academische titel aangesproken of aangeschreven.
Men spreekt dr. Blikslager aan met „Meneer Blikslager".
Schrijft men een brief aan bijvoorbeeld drs. Schroot, dan zal de adressering luiden: De Heer Drs. J. Schroot. De aanhef van de brief luidt dan bijvoorbeeld: Geachte Heer, of Geachte Heer Schroot.
We komen hierop uitvoerig terug wanneer we het leren schrijven van brieven behandelen.
Alle genoemde titels gelden zowel voor manlijke als vrouwelijke personen. De arts, die aan de universiteit zijn/haar artsexamens heeft afgelegd, is drs. in de medische wetenschappen. Aangesproken wordt

45

hij/zij met *dokter*. Ook wanneer deze is gepromoveerd en dus de titel *dr.* voert, blijft de aanspreektitel bij de arts dokter en niet doctor.
Dan is er nog de titel *ing.* (ingenieur), die evenwel *niet* voor de naam wordt geschreven, doch die men, desgewenst, achter de naam kan of mag schrijven. Bijvoorbeeld: P. Jansen, ing.
Dit betekent, dat deze het diploma heeft van een Hogere Technische School (HTS).
Degene die de titel *ir.* voert, heeft het diploma van de Technische Hoge School (universitair niveau dus).

*Professor:* is een hoogleraar aan een universiteit of vergelijkbare academische onderwijsinrichting. Van de titel professor evenmin trouwens van doctor, arts of andere academische titels, bestaat – in tegenstelling tot het Duits – géén vrouwelijke vorm.
Zowel de mannelijke- als de vrouwelijke hoogleraar wordt met „professor" aangesproken. De mannelijke- zowel als de vrouwelijke arts met „dokter".
Dan is er nog de titel *ds* (dominus) voor en protestantse predikant van een kerkelijke gemeente. Hij/zij wordt echter met „dominee" aangesproken. De gepromoveerde theoloog krijgt natuurlijk dr. voor zijn/haar naam. Maar wanneer de doctor in theologie in het ambt van voorganger van een protestantse gemeente staat, dan blijft de aanspreektitel „dominee".
In de rooms-katholieke kerk worden de pater, de kapelaan en de pastoor als zodanig aangesproken.

4. *Adellijke titels*

Adellijke titels worden niet meer gegeven. Ze zijn echter erfelijk en dus heeft men het recht ze te voeren. Velen die van adel zijn, gebruiken hun titel echter niet (mee).
De enige titels die voorkomen zijn: baron (baronesse) – graaf (gravin) – jonkheer (jonkvrouw).
De laatstgenoemde titel mag worden afgekort tot jhr. (jvr.).
In de adressering gaat evenwel de titel Professor altijd vóór de eventuele andere titels.
Een hoogleraar die van adel is, wordt dan ook als volgt aangeschreven: Prof. Jhr. Mr. Dr. enz.

5. *Enige academische beroepen:*

    Advocaat                Rechtsanwalt

# 5

| | |
|---|---|
| Arts | Arzt |
| Dierenarts/Veearts | Tierarzt |
| Econoom | Wirtschaftswissenschaftler |
| Hoogleraar | Hochschullehrer |
| Dominee/Predikant | Pfarrer |
| Ingenieur | Ingenieur |
| Jurist | Jurist |
| Notaris | Notar |
| Psycholoog | Pschologe |
| Socioloog | Soziologe |

6. De van *stoffen* afgeleide adjektieven krijgen meestal -en als uitgang.

*Voorbeelden:*

| | |
|---|---|
| blik (Blech) | – de blikken bus (die Blechdose) |
| goud (Gold) | – het gouden horloge (die goldene Uhr) |
| koper (Kupfer) | – de koperen waterkraan (der kupferne Wasserhahn) |
| metaal (Metall) | – de metalen wand (die Metallwand) |
| staal (Stahl) | – de stalen deur (die Stahltür) |
| ijzer (Eisen) | – het ijzeren hek (das eiserne Gitter) |
| zilver (Silber) | – het zilveren huwelijk (die silberne Hochzeit) |

*Ook:*

| | |
|---|---|
| hout (Holz) | – de houten tafel (der Holztisch) |
| papier (Papier) | – het papieren servet (die Papierserviette) |
| wol (Wolle) | – de wollen deken (die Wolldecke) |

7. Bij *kleuren* krijgt het adjektief -e als uitgang, tenzij het woord zelf reeds op e eindigt (als bijv. oranje). Ook in het meervoud.

| | |
|---|---|
| rood (rot) | – de rode mantel (der rote Mantel) |
| wit (weiß) | – het witte papier (das weiße Papier) |
| blauw (blau) | – de blauwe lucht (die blaue Luft) |
| oranje (orange) | – de oranje vlag (die orange Fahne) |
| rose (rosa) | – de rose roos (die rosa Rose) |
| geel (gelb) | – de gele deur (die gelbe Tür) |

8. In *andere gevallen* volgt – -er als uitgang:

de linkerhand (die linke Hand)
de rechterhand (die rechte Hand)
de Edammer kaas (der Edamer Käse)

# 5

de Marker klederdracht (die Marker Tracht)
de Enkhuizer haven (der Enkhuiser Hafen)

Maar:

de Goudse kaas (der Gouda Käse)
de Rotterdamse haven (der Rotterdamer Hafen)

Daar, waar het adjektief op -en eindigt, blijft dit onveranderd:

het ontevreden kind (das unzufriedene Kind)
de gewonnen prijs (der gewonnene Preis)
het open venster (das offene Fenster)

9. *Nieuwe werkwoorden*

vieren (feiern) – versieren (schmücken) – begeleiden (begleiten) – betreden (betreten) – welkom heten (willkommen heißen) – roemen (rühmen) – feliciteren (gratulieren) – besluiten (beschließen) – het woord voeren (das Wort ergreifen) – prijzen (loben) – aanstoten (anstoßen) – klinken (anstoßen) – braden (braten).

## 5 C  Oefeningen

1. *Maak de volgende zinnen in het perfekt:*

   a. Moeder maalt koffie.
   b. Zij wast het overhemd.
   c. Zij vouwen de handen.
   d. De brouwer brouwt bier.
   e. De bakker bakt brood.
   f. Wij lachen veel.

2. *Maak de volgende zinnen in het perfekt (schriftelijk):*

   a. Ik antwoord op uw brief.
   b. Zij braadt het vlees.
   c. Zijn vinger bloedt.
   d. De man redt het kind uit het water.
   e. Hij stoot zijn knie tegen de tafel.
   f. Ik verwacht u om acht uur.

    g. Moeder zet koffie.
    h. Hij groet haar.
    i. Zij praten veel.
    j. Hij verraadt ons niet.
    k. Ik baad mij vanmorgen.

3. *Maak nu de zinnen uit oefening 2 in het imperfekt (schriftelijk).*

4. *Maak de volgende zinnen in het imperfekt:*
    a. Hij viert zijn verjaardag.
    b. Hij is 25 jaar bij de onderneming.
    c. De zaal is feestelijk versierd.
    d. De jubilaris betreedt de zaal.
    e. Hij acht het een voorrecht het gezelschap te mogen begroeten.
    f. Hij roemt de verdiensten van de jubilaris.
    g. Hij leidt de afdeling voortreffelijk.
    h. Hij is een vaderlijke vriend.
    i. Wij schatten hem zeer als vriend en raadsman.
    j. Hij zet de problemen op eenvoudige wijze uiteen.
    k. U praat altijd zo rustig.
    l. Hij feliciteert hem met zijn zilveren jubileum.
    m. Ik wens u een goede gezondheid.
    n. Hij besluit de feestrede.

5. *Maak de volgende zinnen in het perfekt:*
    a. Hij spreekt uit naam van de bedrijfsleiding.
    b. Hij prijst de goede samenwerking.
    c. Zij laten hun woorden vergezeld gaan van mooie cadeaus.
    d. Hij beantwoordt de sprekers.
    e. Men serveert de champagne.
    f. Men stoot zijn glas aan met dat van de jubilaris.
    g. Wij klinken op uw gezondheid.
    h. Men bereidt het diner voor.
    i. De koks braden het vlees in de keuken.
    j. Men zet de wijn op temperatuur.
    k. Voor het dessert bakken zij grote taarten.
    l. Iedereen praat nog over het feest.
    m. Hij heet hen welkom.
    n. U bent de juiste man op de juiste plaats.

6. *Maak zinnen met de juiste adjectieven* (zie de woordenlijst):
   Voorbeeld: Het horloge is van goud – Het gouden horloge.
   a. Het hek is van ijzer.
   b. De envelop is van papier.
   c. De tafel is van hout.
   d. De lepel is van zilver.
   e. De sleutel is van metaal.
   f. De kraan is van koper.
   g. De kaas uit Edam.
   h. De kaas uit Gouda.
   i. De haven van Rotterdam is de grootste van de wereld.

7. *Vertaal de volgende zinnen in het Nederlands:*
   a. Herr Dr. Gustaaf Blikslager, Leiter der Personalabteilung, feierte vorgestern sein 25jähriges Jubiläum im Unternehmen.
   b. Der Saal der Hauptverwaltung war feierlich mit Blumen und Pflanzen geschmückt.
   c. Man erwartete viele Gäste.
   d. Mitglieder der Direktion und des Vorstandes kamen.
   e. Der Jubilar wurde begleitet von seiner Ehefrau und seinen Kindern.
   f. Sie setzten sich auf für sie reservierte Stühle.
   g. In seiner Festrede sagte der Vorsitzende, daß er es für ein Vorrecht hielte, den Jubilar begrüßen zu dürfen.
   h. Er führte seine Abteilung hervorragend.
   i. In schwierigen Situationen beriet er manchmal sehr gut.
   j. Man schätzte ihn sehr.
   k. Sie setzten die Probleme ganz einfach auseinander.
   l. Er war der richtige Mann an der richtigen Stelle.
   m. Er plauderte in aller Ruhe über die Angelegenheit.
   n. Manchmal retteten Sie eine peinliche Situation.
   o. Ihr Verdienst für das Unternehmen schätzte man sehr.
   p. Wir wünschen Ihnen für die kommenden Jahre eine bleibend gute Gesundheit.
   q. Er bekam schöne Geschenke.
   r. Er antwortete auf die Reden der Sprecher.
   s. Man stieß sein Glas mit dem des Jubilars an und trank auf seine Gesundheit.
   t. Man gratulierte ihm zu seinem Jubiläum.
   u. In der Küche brieten die Köche das Fleisch.

v. Zum Dessert backten sie große Torten.
w. Das Fest war sehr gelungen.

8. *Sluit nu het boek en schrijf een opstel over de inhoud van les 5 A.*

    Daarin moeten de imperfekt- en perfektvormen van de volgende werkwoorden voorkomen: braden – groeten – begroeten – heten – leiden – praten – redden – aanstoten – bakken – lachen – achten – antwoorden.

*LES 6*

# 6 A  Ik hou van jou!

Adriaan kwam met een rood gezicht van opwinding bij mij binnenstormen. Ik zat rustig aan mijn schrijfbureau te lezen, maar stond onmiddellijk op om mijn vriend tot bedaren te brengen.
„Wat is er aan de hand?" vroeg ik.
„Ik ga weg, ik ga weg van haar", riep hij woedend uit.
„Haar", dat was zijn lieve echtgenote, met wie hij, na twee jaar huwelijk, weer eens ruzie had gehad.
„Ga eerst maar eens zitten", zei ik.
„Een borreltje zal je goed doen".
Adriaan ging zitten en ik schonk voor ons beiden een glaasje jenever in.
„Proost! Op een spoedige beterschap met je huwelijk! En vertel nu eens rustig wat er gebeurd is. Je bent toch niet ziek? Steek je tong eens uit."
Adriaan stak inderdaad zijn tong uit en ik begon te lachen.
„Ja, lach jij me maar uit", ging hij voort.
„Wat er gebeurd is? Eigenlijk niets bijzonders. Als gewoonlijk. Sonja en ik waren in de keuken. Zij waste af en ik droogde af, zoals we meestal doen. Toen liet ik een kopje vallen. Par ongeluk natuurlijk.
Sonja begon onmiddellijk te schreeuwen en me uit te schelden voor sufferd en zei dat ik natuurlijk weer stond te slapen, enzovoort.
Ik antwoordde eerst niet, nam een stoffer en blik en ruimde de scherven van de grond op.
„Jij bent al even dom als je vader" schreeuwde ze. „Ik ga naar mijn moeder terug." En ze deed de deur open om weg te gaan.
Ze rende de trap af, maar ik haalde haar in. Maar ze begon opnieuw te schelden.
„Dan gaat ze maar naar mijn schoonmoeder", dacht ik bij mezelf. Ze ging weg.
Ik nam mijn jas van de kapstok, trok die aan en verliet ook het huis.
Ik trok de deur achter me dicht, stak de straat over en . . . viel. Ik gleed uit over een bananeschil! Kun je je dat voorstellen?
Ik stond weer op, hield me vast aan een geparkeerde auto en ging naar een telefooncel aan de overkant van de straat.
Ik belde Sonja bij haar moeder op, maar ze liet me bellen."

Ik schonk mijn vriend nog eens een borrel in en zette het glaasje voor hem op tafel neer.

# 6

Hij was al veel kalmer geworden.
„Wat moet ik doen?" vroeg Adriaan.
„Adriaan, o Adriaan", antwoordde ik. „Heb je wel eens een paar bloemen voor je vrouw meegebracht?"
„Bloemen?" – Hij keek verwonderd op.
„Waarom bloemen? Die koopt ze altijd zelf..."
„Nu" – ging ik verder – „dan geef ik je een goede raad: Ga naar huis en koop onderweg een mooie bos bloemen voor Sonja. En als je thuis komt leg je haar uit dat je het niet kwaad gemeend hebt."
Hij stond op, gaf me een hand en wilde weggaan.
„Had je geen jas aan toen je hier kwam?" vroeg ik.
„O ja..." antwoordde hij verstrooid.
„Is dit jouw jas?" – en ik nam een beige regenjas van de kapstok.
„Ja, dat is de mijne. Dankjewel."

Adriaan ging inderdaad naar huis terug.
Hij kocht een grote bos rode rozen.
Toen hij Sonja de bloemen gaf, kwamen er tranen in haar ogen.
Ook in de zijne...
Ze waren eigenlijk toch gelukkig samen.
Hij wilde het haar uitleggen, maar ze zei fluisterend tegen hem: „Adriaan, ik hou van jou..."


## 6 B  Grammatica

1. *Samengestelde werkwoorden*

   In les 6 A komen samengestelde werkwoorden voor. Zwakke zowel als sterke.

   Enige voorbeelden:
   ... *riep* hij woedend *uit* (van het sterke werkwoord *uitroepen*)
   ... ik *schonk* voor ons beiden een glaasje jenever *in* (van het sterke werkwoord *inschenken*)
   *Steek* je tong eens *uit* (van het sterke werkwoord *uitsteken*)
   ... *lach* jij me maar *uit*. (van het zwakke werkwoord *uitlachen*)
   Zij *waste af* (van het zwakke werkwoord *afwassen*)
   ... ik *droogde af* (van het zwakke werkwoord *afdrogen*).

   Op de bladzijden 123-127 is een aantal zwakke en sterke samengestelde werkwoorden verbuigd.

# 6

2. **zitten te, staan te**

    Ik *zat* rustig aan mijn schrijfbureau *te lezen*.
    ... en zei dat ik natuurlijk weer *stond te slapen*.
    Dit zijn typisch Nederlandse uitdrukkingsvormen, die dikwijls worden gebruikt, doch men in het Duits niet woordelijk kan vertalen zoals uit deze voorbeelden blijkt:
    Ich *saß* ruhig an meinem Schreibtisch *zu lesen*.
    ... und sagte, daß ich natürlich wieder *stand zu schlafen*.
    Men ziet, deze in het Nederlands voorkomende vormen zijn in het Duits niet mogelijk.

    Overigens, men kan ook in het Nederlands de zinnen anders formuleren:

    Ik *zat* aan mij schrijfbureau en *las*.
    ... en zei dat ik natuurlijk weer *sliep*.

    Deze laatste voorbeelden laten zich in het Duits zonder moeite vertalen.

3. **Bezittelijke zelfstandige naamwoorden / Substantivierte Possessivpronomen**

    Het volgende wil duidelijk maken op welke wijze men in het Nederlands het zelfstandig naamwoord (Substantiv) gebruikt wanneer het als bezittelijk voornaamwoord (Possessivpronomen) bedoeld is:

    *Ik* — Ik heb een boek – Het boek is van mij (gehört mir) – Het is mijn boek – Het is het mijne.
    Ik heb twee boeken – De boeken zijn van mij – Het zijn mijn boeken – Het zijn de mijne.

    *Jij* — Jij hebt een boek – Het is van jou – Het is jouw boek – Het is het jouwe.
    Jij hebt twee boeken – De boeken zijn van jou – Het zijn jouw boeken – Het zijn jouwe.

    *U* — U heeft een boek – Het boek is van u – Het is uw boek – Het is het uwe.
    U heeft twee boeken – De boeken zijn van u – Het zijn uw boeken – Het zijn de uwe.

    *Hij* — Hij heeft een boek – Het boek is van hem – Het is zijn boek – Het is het zijne.
    Hij heeft twee boeken – De boeken zijn van hem – Het zijn zijn boeken – Het zijn de zijne.

    *Zij* — Zij heeft een boek – Het boek is van haar – Het is haar boek – Het is het hare.

|  |  |
|---|---|
|  | Zij heeft twee boeken – De boeken zijn van haar – Het zijn haar boeken – Het zijn de hare. |
| *Wij* | – Wij hebben een boek – Het boek is van ons – Het is ons boek – Het is het onze. |
|  | Wij hebben twee boeken – De boeken zijn van ons – Het zijn onze boeken – Het zijn de onze. |
| *Jullie* | – Jullie hebben een boek – Het boek is van jullie – Het is jullie boek – —. |
|  | Jullie hebben twee boeken – De boeken zijn van jullie – Het zijn jullie boeken – —. |
| *U* | – U heeft een boek – Het boek is van u – Het is uw boek – Het is het uwe. |
|  | U heeft twee boeken – De boeken zijn van u – Het zijn uw boeken – Het zijn de uwe. |
| *Zij* (mnl.) | – Zij hebben een boek – Het boek is van hen – Het is hun boek – Het is het hunne. |
|  | Zij hebben twee boeken – De boeken zijn van hen – Het zijn hun boeken – Het zijn de hunne. |
| *Zij* (vrl.) | – Zij hebben een boek – Het boek is van haar – Het is haar boek – Het is het hare. |
|  | Zij hebben twee boeken – De boeken zijn van haar – Het zijn haar boeken – Het zijn de hare. |

In les 6 A komen de volgende zinnen voor, die aan de hand van de bovenstaande voorbeelden duidelijk zullen zijn:

Is dat *jouw jas*? – Ja, dat is *de mijne*.

. . . kwamen er tranen in *haar ogen*. Ook in de *zijne*.

4. *Kleding. Leer de volgende kledingstukken van buiten:*

   a. *Dameskleding:*

   | | |
   |---|---|
   | mantel (de) | Mantel |
   | regenmantel (de) | Regenmantel |
   | wintermantel (de) | Wintermantel |
   | mantelpakje (het) | Kostüm/Jackenkleid |
   | jurk/japon (de) | Kleid |
   | avondjapon (de) | Abendkleid |
   | ondergoed (het) | Unterwäsche |
   | bustehouder (de) | Büstenhalter |
   | kous(en) (de) | Strumpf |

# 6

| | |
|---|---|
| pullover (de) | Pullover |
| rok(ken) (de) | Rock |
| bloes (de) | Bluse |
| trui (de) | Wolljacke |
| sieraad (sieraden) (het) | Schmuck |
| halsketting (de) | Halskette |
| broche (de) | Brosche |
| armband (de) | Armband |
| ring (de) | Ring |

b. *Herenkleding:*

| | |
|---|---|
| jas (de) | Mantel |
| regenjas (de) | Regenmantel |
| winterjas (de) | Wintermantel |
| costuum (het) / pak (het) | Anzug |
| colbert (het) | Jacke |
| broek / pantalon (de) | Hose |
| sok(ken) (de) | Socke |
| kous(en) (de) | Strumpf |
| schoen(en) (de) | Schuh |
| laars (laarzen) (de) | Stiefel |
| pantoffel(s) (de) | Pantoffel/Hausschuh |
| hemd (het) | Unterhemd |
| onderbroek (de) | Unterhose |
| sjaal (de) | Schal |
| manchetknoop (knopen) (de) | Manschettenknopf |
| hoed(en) (de) | Hut |
| pet(ten) (de) | Kappe/Mütze |
| muts(en) (de) | Mütze |
| broekriem (de) | Riemen/Gürtel |
| bretel (de) | Hosenträger |
| zakdoek (de) | Taschentuch |
| ondergoed (het) | Unterwäsche |
| pijama (de) | Schlafanzug |
| vest (het) | Weste |
| handschoen(en) (de) | Handschuh |
| veter(s) (de) | Schnürsenkel/Schuhriemen |

5. *Ik hou van jou*

Er is een aantal werkwoorden, waartoe *houden* behoort, waarbij men in de tegenwoordige tijd 1e persoon enkelvoud de uitgangs-d mag weglaten. Men kan schrijven en zeggen: *ik houd van jou*, maar even goed *ik hou van jou*. Bij de werkwoorden waar dit is toegestaan is in de lijst van werkwoorden de *d* tussen haakjes geplaatst: (d). Dat betekent dus, dat de *d* hier facultatief is.

6. *De n in samengestelde woorden*

In les 6 A komt het woord *bananeschil* voor.
Dit is een voorbeeld van samengestelde woorden waarin soms fouten gemaakt worden. We schrijven bananeschil, omdat het hier om de schil van één banaan gaat.
Wanneer het eerste deel van een samengesteld woord enkelvoud is, wordt géén *n* daartoe geschreven. Is dit meervoud, dan komt wel een *n* achter het eerste woord – ook al worden beide woorden tot één samengesteld woord geschreven.

Bijvoorbeeld:

tomate*n*soep (soep van meer dan één tomaat – dus tomaten)
kerse*n*boom (een boom waaraan meer kersen hangen)
boeke*n*kast (een kast waarin meer boeken (kunnen) staan)
woorde*n*boek (een boek waarin meer woorden staan)
erwte*n*soep (een pan water met maar één erwt is nog geen soep!)

Maar wel:

groentesoep (groente is een enkelvoudig begrip)

7. *Nieuwe werkwoorden*

binnenstormen (hineinstürmen) – ruzie hebben (sich streiten) – ziek zijn (krank sein) – de tong uitsteken (die Zunge herausstrecken) – uitlachen (auslachen) – afwassen (spülen/abwaschen) – afdrogen (abtrocknen) – laten vallen (fallen lassen) – schreeuwen (schreien) – uitschelden (ausschimpfen) – opruimen (aufräumen/wegräumen) – teruggaan (zurückgehen) – opendoen (aufmachen/öffnen) – weggaan (fortgehen) – rennen (rennen) – inhalen (überholen/einholen) – aantrekken (anziehen) – dichttrekken (zumachen) – oversteken (überqueren) – uitglijden (ausrutschen/ausgleiten) – vasthouden (festhalten) – kalm worden (ruhig werden) – meebrengen (mitbringen)– raadgeven (Rat erteilen) – uitleggen (auslegen/erklären) – menen (meinen) – de hand geven (die Hand geben) – gelukkig zijn (glücklich sein) – van iemand houden (jemanden lieben).

## 6 C  Oefeningen

1. *Maak de volgende zinnen in het imperfekt:*

    a. Adriaan komt met een rood gezicht van opwinding binnenstormen.
    b. Ik zit rustig aan mijn schrijfbureau te lezen.
    c. Ik sta onmiddellijk op.
    d. Zij roept uit dat hij een sufferd is.
    e. Zij hebben weer eens ruzie.
    f. Hij gaat zitten.
    g. Ik schenk voor ons beiden een borreltje in.
    h. Wat gebeurt er?
    i. Hij steekt zijn tong uit.
    j. Hij begint te lachen.
    k. Er gebeurt niets bijzonders.
    l. Zij wast af en ik droog af.
    m. Ik laat een kopje vallen.
    n. Sonja begint te schreeuwen.
    o. Zij scheldt mij uit.
    p. Ik antwoord niet.
    q. Hij neemt een stoffer en blik en ruimt de scherven op.

2. *Maak de volgende zinnen in het perfekt:*

    a. Zij rent de trap af.
    b. Ik haal haar in.
    c. Ik neem mijn jas van de kapstok.
    d. Ik trek de huisdeur achter mij dicht.
    e. Ik glij uit over een bananeschil.
    f. Ik hou mij vast.
    g. Hij gaat naar een telefooncel.
    h. Brengt u wel eens een paar bloemen voor uw vrouw mee?
    i. Onderweg koopt hij mooie bloemen.
    j. Zij fluistert: „Ik hou van jou."

3. Maak de zinnen uit oefening 1 in het perfekt.

4. Maak nu de zinnen uit oefening 2 in het imperfekt.

5. Geef op de volgende vragen een antwoord met gebruik van het bezittelijk voornaamwoord (Possessivpronomen):

   Voorbeeld: Is dit boek van u? – Ja dat is het mijne.

   a. Is deze regenmantel van u? – Ja, . . .
   b. Zijn deze schoenen van u? – Ja, . . .
   c. Is deze auto van mij? – Ja, . . .
   d. Is deze jurk van haar? – Ja, . . .
   e. Is dit horloge van hem? – Ja, . . .
   f. Zijn deze boeken van mij? – Nee, . . .
   g. Is deze jas van u ? – Nee, . . .
   h. Is zij uw schoonmoeder? – Nee, . . .
   i. Is zij de hare? – Nee, . . .
   j. Is dat boek het zijne ? – Nee, . . .
   k. Is uw huis het mijne? – Nee, . . .
   l. Is die schrijfmachine de jouwe? – Ja, . . .
   m. Is die brief van jou? – Ja, . . .

6. Maak de volgende zinnen in het imperfekt:

   a. Sta je weer te slapen?
   b. Zit je weer te suffen?
   c. Lig je weer te slapen?
   d. Begint zij weer te lachen?
   e. Zit hij te lezen?
   f. Hij begint hem uit te schelden.
   g. Hij brengt zijn vriend tot bedaren.

7. Geef schriftelijk een Nederlandse vertaling van de volgende woorden:

   *ein Paar Schuhe*
   *ein Regenmantel für einen Herrn*
   *ein Damenmantel*
   *eine Hose*
   *eine Unterhose*
   *ein Jacke*
   *ein Paar Socken*

# 6

ein Kostüm/Jackenkleid
ein Abendkleid
ein Rock
eine Halskette

8. *Vertaal de volgende zinnen in het Nederlands:*
   a. Mit einem vor Aufregung roten Gesicht kam Adrian bei mir hineingestürmt.
   b. Ich saß ruhig an meinem Schreibtisch und las.
   c. Was ist los?
   d. Er war wütend.
   e. Er hat wieder mal Streit gehabt.
   f. Ein Schnaps wird dich zur Ruhe bringen.
   g. Ich schenkte für uns beide ein Gläschen ein.
   h. Prost! Auf eine baldige Besserung!
   i. Streck deine Zunge mal heraus.
   j. Was ist geschehen?
   k. Sie begann zu schreien und nannte mich einen Döskopf.
   l. Er nahm seinen Mantel von dem Garderobenständer.
   m. Ich rutschte auf einer Bananenschale aus.
   n. In einer Telefonzelle rief ich Sonja an.
   o. Erkläre deiner Frau, daß Du es nicht so böse gemeint hast.
   p. Hast Du keinen Mantel gehabt, als Du hierher kamst?
   q. Ist das Dein Mantel?
   r. Ja, das ist meiner.
   s. Da kamen Tränen in ihre Augen. Auch in seine.
   t. Ich liebe Dich.

9. *Sluit het boek en maak een opstel over de inhoud van les 6 A.*

LES 7

# 7 A  Bezoek aan een fabriek

In een fabriek heerst veel lawaai. Dat is het eerste wat je als leek opvalt. Motoren draaien op volle toeren, de mecaniciens doen hun werk aan de vele machines die in de werkplaats zijn opgesteld. Elektriciens zijn bezig nieuwe leidingen aan te leggen voor de verlichting. En als om het lawaai nog heviger te maken – zo schijnt het tenminste – staat de vuilniswagen voor de ingang van de fabriek. De vuilnismannen dragen de vuilnisemmers naar buiten en storten het vuilnis in een ook al veel lawaai makende auto waarin het vuil meteen wordt fijngemalen.
Ik mag vrij rondlopen en alles bekijken en . . . vragen stellen. Nu weet ik van techniek niet veel af. Beter gezegd: ik ben volslagen a-technisch. Techniek interesseert mij eigenlijk helemaal niet. Niet in het minst, om het anders te zeggen.
Maar de bedrijfsleider doet hardnekkig zijn best, mij uit te leggen hoe alles in z'n werk gaat. De fabriek is zijn trots. Toen hij mij gisteren ontmoette, was hij niet van het plan af te brengen, mij de fabriek te laten zien.
Nou, hij heeft het geweten! Ik heb hem de onmogelijkste dingen gevraagd. Hij bleek niet alleen een enthousiast technicus te zijn, maar ook een man die zijn best deed al mijn (ik moet toegeven: dikwijls onnozele) vragen te beantwoorden.
Ik vroeg bijvoorbeeld: „Waartoe dient eigenlijk die sleutel?"
„Die sleutel? Die gebruiken we om die deur daar te openen."
„Moeten alle machines tegelijkertijd lopen?" – was mijn tweed vraag. Het ontwapenende antwoord was: „Nee, we kunnen zowel alle machines tegelijk laten draaien, als ook een deel uitschakelen." Dat was interessant nieuws!
„Waardoor kan ik in het laboratorium komen?" – was mijn volgende vraag. Want ik wilde het lawaai van de fabriek eigenlijk ontlopen, maar dat kon ik hem natuurlijk niet zeggen . . .
„Door die deur, de tweede aan uw rechterhand, komt u in het laboratorium", zei de man welwillend. „Als u dat graag wilt zien, dan kunnen we daar een kijkje gaan nemen."
Eerst dacht ik dat hij het niet ernstig meende, maar dat was kennelijk toch wel het geval.
Wij gingen naar het laboratorium.
„Als het hoofd van het laboratorium aanwezig is, zal ik u aan hem voorstellen.

# 7

Als hij er niet is, dan is zijn plaatsvervanger stellig aanwezig."
We gingen door de deur die naar het laboratorium voert. In enige ruime afdelingen met technische apparatuur en veel glazen buizen en retorten, waren verscheidene laboranten met hun werk bezig. De bedrijfsleider stelde mij aan het hoofd van het laboratorium, dr. Bloemenberg, voor, Hij is fysicus en een sympathiek man. Hij deed eveneens zijn best mij voor zijn ressort te interesseren. Maar het gelukte ook hem maar matig.
Interessant was het wel, maar niets is nu eenmaal zo waar, als dat ik niet van techniek houd en evenmin van de natuurwetenschappen . . .
Ik zou een slecht medewerker in dit bedrijf zijn, daarvan ben ik wel overtuigd. Daarentegen ben ik een goed fietser . . . maar dat kon ik de beide heren mogelijk aan het verstand brengen!
„Is het moeilijk om het vak van laborant te leren?" vroeg ik de heer Bloemenberg op ernstige toon.
„Integendeel, het is evenmin moeilijk om laborant te worden als elektricien, maar men moet voor beide beroepen behalve interesse, natuurlijk ook wel een zekere aanleg hebben" – was het antwoord.
Dat antwoord leek mij een waarheid als een koe. Maar van koeien heb ik ook al geen verstand . . .
Er zijn toch veel dingen waar ik niets van begrijp, overdacht ik, terwijl dr. Bloemenberg mij door zijn laboratoria leidde. Want er behoren er meer tot zijn ressort.
Ondanks de moeite de hij zich gaf om het werk van de laboranten aan mij duidelijk te maken en hoewel ik echt mijn best deed interesse te tonen, bleek noch het laboratorium, noch de fabriek voor mij een plaats waar ik mij zou kunnen thuisvoelen.
Bij het afscheid nemen vroeg ik de bedrijfsleider op de man af: „Waarom werkt u hier eigenlijk?"
Ik verwachtte een antwoord dat al weer met de techniek te maken zou hebben. Maar hij antwoordde heel laconiek: „Ik werk, omdat ik geld moet verdienen."
„En wat is het buiten voor weer als het niet regent?"
Zijn intelligente antwoord luidde: „Als het buiten niet regent, wel, dan is het droog . . ."


## 7 B  Grammatica

1. *Leer de volgende begrippen van buiten:*
   *waarom? – warum?*

# 7

waartoe/waarvoor? – wozu/wofür?
waardoor? – wodurch?
integendeel – im Gegenteil
daarentegen – dagegen/hingegen
evenmin – ebensowenig
toen – als
dan/daarna – dann/danach
indien/als – wenn/falls/als
zo (zeer) – sosehr/dermaßen
niet in het minst – ganz und gar nicht/überhaupt nicht

2. In aan het Latijn ontleende woorden is in het Nederlands de *c*, die als *k* wordt uitgesproken, gehandhaafd.

   Zo spreken we van:

   de technicus (Techniker), maar van de techniek
   de fysicus (Physiker), maar van de fysiek of natuurwetenschap.

   Zo ook de termen:

   musicus (Musiker), maar: de muziek
   academicus (Akademiker), maar: de academie

3. De elektricien (der Elektriker/der Elektrotechniker) wordt als in het Frans uitgesproken.
   Andere, aan het Frans ontleende woorden krijgen soms een trema op de e, als bijvoorbeeld in de cliënt (der Kunde) en efficiënt (zweckmäßig/ wirtschaftlich).

   Ook:

   de cliënt (der Kunde). Voor deze laatste twee woorden bestaan ook Nederlandse woorden: *de klant* (der Kunde) en *de klantenkring* (Kundenkreis). Maar men schrijft: de cliëntèle (die Kundschaft).

4. *Laboratorium*

   Denk er aan – we hebben soortgelijke voorbeelden vroeger al behandeld – dat de meervoudsvorm van laboratorium is: laboratoria!

5. *Nieuwe werkwoorden:*

   opvallen (auffallen) – draaien (drehen) – opstellen (aufstellen) –

# 7

bezig zijn (tätig sein/beschäftigt sein) – aanleggen (anlegen) – storten (kippen/schütten) – fijnmalen (feinmahlen) – rondlopen (herumlaufen) – bekijken (begucken/ansehen) – uitschakelen (ausschalten) – ontlopen (entlaufen) – een kijke nemen (etwas ansehen) – voeren (führen) – overtuigd zijn (überzeugt sein) – aan het verstand brengen (etwas klarmachen) – tonen (zeigen) – aanleg hebben (Veranlagung/Begabung haben) – overdenken (überlegen/überdenken) – zich moeite geven (sich Mühe geben/sich bemühen) – duidelijk maken (klarmachen) – interesse tonen (Interesse zeigen) – zich thuis voelen (sich heimisch fühlen).

## 7 C  Oefeningen

1. *Geef een schriftelijk antwoord op de volgende vragen:*
   a. Waarom leert u Nederlands?
   b. Waartoe dient uw leerboek?
   c. Waarvoor dienen de oefeningen in dit boek?
   d. Waardoor bent u de klas binnen gekomen?
   e. Wat zou u doen als u rijk was?
   f. Als u morgen niet behoeft te werken, wat gaat u dan doen?
   g. Straks is de les beëindigd. Wat gaat u dan doen?
   h. Waarom werkt u?

2. *Maak enige zinnen waarin de woorden integendeel, daarentegen, evenmin en indien voorkomen.*

3. *Vertaal in het Nederlands:*
   a. Der Physiker arbeitet in seinem Labor.
   b. In der Straße gibt es viel Lärm.
   c. Die Mechaniker machen ihre Arbeit an den Maschinen.
   d. Der Müllwagen steht vor der Haustür, und die Müllmänner kippen den Müll aus den Mülltonnen in den Müllwagen.
   e. Ich darf frei herumlaufen und mir alles ansehen.
   f. Er weiß nicht viel von Technik.
   g. Er ist sogar völlig untechnisch.
   h. Technik interessiert ihn ebensowenig wie Physik; im Gegenteil, Technik interessiert ihn überhaupt nicht.
   i. Er tat sein Bestes, um meine manchmal albernen Fragen zu beantworten.

j. Wir können auch einen Teil der Maschinen ausschalten.
k. Können wir uns das Labor mal ansehen?
l. Ich bin ein guter Radfahrer. Sie auch?
m. Die Laboranten machten chemische Versuche im Labor.
n. Trotz aller Mühe, die er sich gab, verstand ich vieles nicht.
o. Wenn Sie morgen Geburtstag haben, dann werden wir alle froh sein.
p. Wenn es nicht regnet, ist es trocken.
q. Ist er krank? Im Gegenteil, er ist kerngesund!

4. *Maak een opstel over de inhoud van les 7 A of over een bezoek dat uzelf eens aan een fabriek of onderneming heeft gebracht.*

*LES 8*

## 8 A Conversatie

Huib: Ik zag jou gistermiddag. Heb je mij niet gezien?
Hein: Nee, ik heb je niet gezien. Hoe zo?
Huib: Met wie stond je daar te praten? Die man kwam mij zo bekend voor.
Hein: Herinner je je hem niet meer?
Huib: Nee, ik kan me hem niet herinneren. Ken ik hem?
Hein: Natuurlijk. De man die daar bij mij stond, is mijn chef. Jullie hebben een tijd geleden met elkaar kennis gemaakt.
Huib: O ja. Nu herinner ik mij hem weer.
Hein: Wij stonden voor zijn huis te praten. Ik was hem daar toevallig tegengekomen.
Huib: Is dat zijn huis?
Hein: Ja, dat is het zijne.
Huib: Weet je met wie ik gisteren geluncht heb?
Hein: Geen idee.
Huib: Met onze vroegere secretaresse, Marijke van den Burg.
Hein: Ik heb haar in lange tijd niet meer gezien.
Huib: Eerlijk gezegd, ik had haar ook sinds enige maanden niet meer gezien. Maar je kent haar toch wel?
Hein: Ja, ik ken haar wel. Ze is wel erg veranderd – in haar voordeel overigens moet ik erbij zeggen!
Huib: Ja, dat vond ik ook.
Hein: Zie je die vrouw die daar loopt?
Huib: Ja.
Hein: Dat is mijn nieuwe buurvrouw. Een zonderlinge vrouw. Ze heeft me al een paar maal aangesproken, maar eerlijk gezegd, geloof ik dat ze niet goed wijs is. Alles wat zij zegt is onzin. Maar het boek dat ze me eergisteren leende is erg interessant.
Huib: Zou ze het zelf gelezen hebben?
Hein: Weet ik veel! Ik kan het me niet voorstellen.
Huib: Zeg, iets anders: hoe gaat het met je broer?
Hein: Hij zit in zaken.
Huib: En doet hij goede zaken?
Hein: Dat geloof ik wel. Hij huldigt het principe: de zaak waaraan veel verdiend wordt, is een winstgevende zaak.
Huib: Ja, dat is niet tegen te spreken.
Hein: Ben jij intussen ook in zaken?

# 8

Huib: Nee. Ik heb gesolliciteerd bij de Neerlandia bv. Ik heb daar al een bespreking gehad, maar het besluit, waarvan voor mij veel afhangt, is nog niet genomen.
Hein: Waarom hangt daar veel van af?
Huib: Ik zou die betrekking namelijk heel graag hebben. Het is een goede baan en naar mijn indruk heerst er een heel prettig werkklimaat. Heb je zin om bij mij thuis een borreltje te komen drinken? Ik heb mijn auto daar aan de overkant staan.
Hein: Is dat je eigen wagen?
Huib: Ja, dat is de mijne. Daarmee hoop ik naar kantoor te gaan als ik die baan krijg. Had je hem nog niet gezien?
Hein: Is dat niet dezelfde die je verleden jaar al had?
Huib: Nee, zo'n wagen wil ik niet meer hebben.
Hein: Ik dacht dat een dergelijke wagen als je vroeger had je goed beviel.
Huib: In het begin wel. Maar een zodanige wagen wil ik toch niet meer hebben. Hij gebruikt te veel benzine, weet je. Het is nu eenmaal niet hetzelfde of een auto 1 op 10 of 1 op 8 loopt.
Hein: Ja, hetgeen wil zeggen dat hij zuiniger in het gebruik is.
Huib: Zie je die mensen daar?
Hein: Ja, die wachten voor het stoplicht.
Huib: Als we vlug instappen en wegrijden, kunnen we nog net op tijd door het groene licht rijden en zitten we gauw aan de borrel.

## 8 B  Grammatica

1. *Betrekkelijke voornaamwoorden* (Relativpronomen)

    a. Bij personen wordt steeds *die* gebruikt;
    b. Bij onzijdige woorden (sächliche Wörter) *dat*;
    c. Bij alle meervoudsvormen *die*.

    *Voorbeelden:*

    De man *die* daar loopt is mijn broer.
    De vrouw *die* daar loopt is mijn zuster.
    Het kind *dat* daar loopt is mijn zoontje.
    Het huis *dat* daar staat is mijn huis.
    De auto *die* daar staat is de mijne.

Een moeilijkheid is echter, dat er onzijdige woorden zijn die in het Duits manlijk of vrouwelijk zijn – en omgekeerd.

Het woord *auto* bijvoorbeeld, is in het Nederlands manlijk (in het Duits onzijdig: *das* Auto – in het Nederlands *de* auto).

Men moet dus zeggen: de auto *die* daar staat is de mijne.

Het *meervoud* wordt steeds met *die* gevormd:

De mannen *die* daar lopen zijn mijn broers.
De vrouwen *die* daar lopen zijn mijn zusters.
De kinderen *die* daar lopen zijn mijn zoontjes.
De huizen *die* daar staan zijn mijn huizen.
De auto's *die* daar staan zijn de mijne.

2. *wat* en *dat*

   *Wat* duidt op iets dat *onbepaald* is; *dat* op iets dat *bepaald* is:

   Alles *wat* hij zegt is onzin. (onbepaald)
   Het boek *dat* ik haar gaf is erg interessant. (bepaald)

3. *Met wie stond je daar te praten?*

   Deze zinsvorm – we hebben daar al eerder op gewezen – laat zich in het Duits niet precies vertalen. De vertaling van deze zin zou dan luiden: Mit wem standst Du da zu sprechen?
   Men kan een dergelijke zin vertalen met: Mit wem sprachst Du da?
   Dat kan in het Nederlands overigens ook worden gezegd: Met wie sprak je daar?
   Maar het is nu eenmaal een gebruikelijke vorm, zoals: zij zit te lezen; hij staat te wachten; hij stond te praten; zij lag te slapen, enzovoort.

4. *Hen* en *ze*

   Beide vormen zijn mogelijk, maar de eerste is grammatikaal de beste. *Ze* is evenwel omgangstaal.

   Ik heb de mensen gezien: ik heb *hen* gezien – ik heb *ze* gezien.
   Zie je die mensen? Ja, ik zie *hen* – Ja, ik zie *ze*.
   　　　　　　　　　Nee, ik zie *hen* niet – Nee, ik zie *ze* niet.
   Zo ook:

   Kent u die mensen? Nee, ik ken *hen* niet – Nee, ik ken *ze* niet.

5. *Dergelijke – zodanige*

   Deze aanwijzende voornaamwoorden (Demonstrativpronomen) komen voor in zinnen als: een *dergelijke* wagen (derartige) – een *zodanige* wagen (derartige). Beide voornaamwoorden hebben dus dezelfde betekenis. Voor beide kennen we in het Nederlands ook de – al eerder behandelde – verkorte vorm: *zo'n* wagen, wat eigenlijk betekent: *zulk een* wagen (solch ein Wagen), wat evenwel in de omgangstaal niet gezegd wordt.

6. *Nieuwe werkwoorden*

   aanspreken (ansprechen/anreden) – lenen (leihen) – in zaken zitten/zijn (in Geschäften tätig sein) – zaken doen (Geschäfte machen) – huldigen (sich bekennen) – tegenspreken (widersprechen) – solliciteren (sich bewerben um) – afhangen (abhängen) – bevallen (gefallen) – verslinden (verschlingen) – instappen (einsteigen) – wegrijden (wegfahren).

## 8 C  Oefeningen

1. *Wat betekenen de volgende betrekkelijke voornaamwoorden in het Duits?*
   a. met wie
   b. aan wie
   c. waarvan
   d. waarmee
   e. waaraan

2. *Beantwoord de volgende vragen in de 1e persoon enkelvoud en 1e persoon meervoud:*
   a. Herinnert u zich nog wat u gisteren gedaan heeft?
   b. Herinner jij je dat ook nog?
   c. Met wie stond u gisteren te praten?
   d. Herinneren jullie je nog de inhoud van het leerboek „Nederlands voor beginners"?
   e. Weet u ook nog welke grammaticale vormen wij daarin hebben behandeld?
   f. Kent u uw buren?
   g. Herinnert u zich het nummer van uw auto?

3. *Geef een antwoord op de volgende vragen:*
   a. Kent u alle leerlingen in deze klas?
   b. Heeft u al die mensen gezien?
   c. Kent u juffrouw Brouwer?
   d. Gelooft u dat u nu al veel Nederlands kunt lezen?
   e. Wist u dat al?
   f. Doet u elke dag hetzelfde werk?

4. *Vul de ontbrekende woorden in:*
   a. Heeft u die mensen gezien? Ja, ik heb . . . gezien.
   b. Zijn de dames in deze klas aardig? Ja, . . . zijn aardig.
   c. Heeft u een . . . auto als verleden jaar ? Ja/Nee . . .
   d. Het huis waarin ik woon is . . . zelfde als waarin ik verleden jaar woonde.
   e. Het meisje met . . . ik wandelde is mijn vriendin.
   f. De man aan . . . ik het boek gaf, is mijn broer.
   g. Dat is een beslissing . . . voor mij veel afhangt.
   h. Dit is de balpen . . . ik een brief schrijf.
   i. Dat is de vrouw . . . hij twintig jaar getrouwd is.
   j. De firma . . . wij een brief schrijven.
   k. Alles . . . hij zegt is onzin.
   l. . . . is een waarheid als een koe.

5. *Vertaal in het Nederlands:*
   a. Dieser Mann kommt mir bekannt vor.
   b. Ich kann mich nicht mehr an ihn erinnern.
   c. Erinnern Sie sich noch daran?
   d. Das Mädchen, das dort stand, ist mein Töchterchen.
   e. Das Mädchen hat sich sehr zu seinem Vorteil verändert.
   f. Ich habe mit unserer ehemaligen Sekretärin gegessen.
   g. Meine Nachbarin ist eine sonderbare Frau.
   h. Alles, was sie sagt, ist Unsinn.
   i. Hat sie das Buch auch selber gelesen?
   j. Mein Bruder macht Geschäfte.
   k. Er bekennt sich zu gewissen Prinzipien.
   l. Er hat sich bei einer neuen Firma beworben.
   m. Ich möchte die Stelle sehr gerne haben.
   n. Mein Auto steht auf der anderen Seite der Straße.

o. Das ist eine Entscheidung, wovon für mich viel abhängt.
p. Der Beschluß ist noch nicht gefaßt.
q. Wir müssen vor der Ampel warten.
r. Wenn wir schnell einsteigen und wegfahren, kommen wir schnell an unseren Schnaps.
s. Haben Sie die Menschen gesehen? Ja, ich habe sie gesehen.
t. Kennst Du das Mädchen? Nein, ich kenne es nicht.
u. Mit wem sprachst Du dort?
v. Womit kann ich Ihnen einen Gefallen tun?
w. Hatten Sie nicht schon früher so einen Wagen?
x. Oder möchten Sie so einen Wagen nicht mehr haben?
y. Solch ein Auto gefällt mir nicht.

*LES 9*

## 9 A  Een snipperdag

Tim: Gisteren ben ik bij de dokter geweest.
Tom: Was je ziek?
Tim: Ziek is wat overdreven. Maar ik had de laatste dagen nog al last van mijn maag.
Tom: En wat heeft de dokter gedaan of gezegd?
Tom: Hij heeft mij onderzocht. Ook mijn gal en mijn lever. Maar hij kon niets bijzonders vinden. Vermoedelijk nerveusiteit; ik heb de laatste tijd veel moeten overwerken. Ik zag mezelf in gedachten al in een ziekenhuis liggen, met verpleegsters die me verwennen en misschien zelfs wel een operatie ...
Tom: Moet je rust houden?
Tim: Nee, daarvan heeft de dokter niet gesproken. Hij gaf me een recept voor medicijnen en vandaag heb ik een snipperdag genomen. Ik heb geen zin vandaag aan mijn werk te denken. Heb je zin om samen wat in de stad te boemelen? Zo maar wat wandelen en misschien een paar inkopen doen.
Tom: Uitstekend. Ik heb ook vrij, want ik heb een paar vakantiedagen opgenomen die ik nog tegoed had van verleden jaar.
Tim: Zullen we eens naar de nieuwe stadswijk gaan? Die is intussen bewoond en men bouwt er nog steeds nieuwe huizen bij. Ook is er voor veel groen gezorgd.
Tom: Een reuze idee. Ik wilde daar al een andere keer heen, maar er is tot dusver niets van gekomen.
Tim: Ja, er worden daar in de wijk „Dennendaal" veel nieuwe huizen gebouwd. In de vorige eeuw stonden daar nog veel boerderijen, maar ik heb het daar alleen maar als een lege en verlaten vlakte gekend. En nu bouwen ze er huizen!
Tom: Ze zeggen dat er aan de zuidelijke stadsrand ook nieuwe woonwijken zullen komen.
Tim: Dat heb ik gehoord. Maar men zegt dat al zo lang. Er wordt zoveel gezegd. Er wordt al jaren over gesproken.
Tom: Ik heb een idee. Weet je dat ik voor mijn verjaardag een pick-up van mijn ouders heb gekregen?
Tim: Wanneer ben je dan jarig geweest?
Tom: Weet je dat niet? Op 29 februari. Ja, ik ben in een schrikkeljaar geboren. Daarom vieren we mijn verjaardag drie jaren op 1 maart

# 9

         en éénmaal op 29 februari. Maar wat die platenspeler betreft, ik wilde vanmorgen graag een paar gramofoonplaten kopen. Heb je zin om mee te gaan naar de winkel?

Tim: Natuurlijk. Daar, in die straat, zijn twee winkels waar ze gramofoonplaten verkopen. We kunnen best in beide zaken gaan kijken.

Tom: Natuurlijk. Dat doen we.

Tim: Welke soort platen zoek je?

Tom: Ik wilde een paar symofonieën van Brahms kopen. Er zijn juist nieuwe op de markt gekomen, gespeeld door het Concertgebouw Orkest van Amsterdam.

Tim: Welke symfonieën bedoel je? Brahms heeft er vier gecomponeerd.

Tom: Ik zou graag de tweede en de vierde willen hebben.

Tim: Laten we maar gaan kijken of ze die hebben.

Tom: Wacht even. Ik wil hier een pakje sigaretten en een doosje lucifers kopen. En ook een nieuwe asbak. De oude is kapot gegaan. Die heb ik laten vallen.

Tim: Goed. Ik wacht buiten.

Tom: Weet je wat gisteren gebeurd is? Ik was thuis en juist naar bouen gelopen, toen er gebeld werd. Ik liep weer naar beneden en opende de deur. Het was de post. De postbode bracht een expresbrief.

Tim: Was het een dringende aangelegenheid?

Tom: Wat dacht je? Het was en brief van Henk, waarin hij me vroeg of ik bij zijn huwelijk getuige wil zijn op het stadhuis. En natuurlijk te gast op de bruiloft.

Tim: Typisch Henk om je dat per expresbrief te vragen.

Tom: Hij had natuurlijk vergeten het mij eerder te vragen en hij kan soms zo verstrooid zijn dat hij niet op de gedachte komt mij er over op te bellen...

Tim: Gelukkig is zijn aanstaande vrouw pienter en bijdehand. Daardoor zullen communicatiestoornissen met hun vrienden wel worden voorkomen. Als telefoniste bij haar firma is zij trouwens gewend alle communicatiemogelijkheden te benutten en communicatiestoringen te vermijden.

Tom: Dat heb je leuk bedacht!

Tim: Ik heb honger.

Tom: Nu al? Het is nog zo vroeg. Je wilt toch nu nog niet naar een restaurant gaan om te eten?

Tim: Eerlijk gezegd: ik was vanmorgen vroeg op en heb alleen maar een sneetje brood met een zacht gekookt eitje gegeten. Ik had niet veel trek. Maar nu heb ik honger. Kijk, daar is een broodjeswinkel. Dan

73

gaan we daar een broodje eten en een kopje koffie drinken. Zo'n snackbar is reuze praktisch en je behoeft er niet lang te wachten. Bovendien hebben ze daar zo'n enorme sortering broodbeleg. Wel enige tientallen slaatjes en worstsoorten, hollandse- en buitenlandse kaas en je kunt er ook een broodje met ei krijgen. Hardgekookt of Russische eieren, spiegeleieren, omelet, enzovoort.

Tom: Prima! Nu krijg ik ook honger!
Ik kan daar meteen Henk opbellen om hem te zeggen dat ik bij zijn huwelijk natuurlijk van de partij zal zijn. O, dat is moeilijk; ik heb zijn telefoonnummer niet.

Tim: Dat is toch geen probleem? In de telefooncel ligt natuurlijk een telefoonboek en daarin kun je zijn nummer gemakkelijk vinden.

Tom: Jij bent toch wel heel intelligent!
Tim: Ach, zo snugger ben ik ook niet elke dag...
Tom: Nou, we kunnen met je voorstel gaan experimenteren...
Tim: Zo'n geweldig experiment is het nou ook weer niet!
Tom: Het is in elk geval een mogelijkheid. In geen geval een moeilijkheid. Maar eerst naar de broodjeswinkel!

## 9 B Grammatica

1. Vormen met _er, men_ en _ze_

   Beide vormen worden in het Nederlands tamelijk willekeurig gebruikt. Het _passivum_ wordt gevormd door gebruikmaking van _er:_

   _Er_ worden veel nieuwe huizen gebouwd.
   _Er_ wordt zoveel gezegd.

   Het _activum_ wordt gevormd door gebruikmaking van _men_ of _ze:_

   _Men_ bouwt er nog steeds huizen bij.
   _Men_ zegt dat al zo lang.
   _Men_ zei dat een paar jaar geleden ook al.

   In plaats van _men_ wordt bij het _activum_ ook dikwijls _ze_ gebruikt:

   _Ze_ bouwen er nog steeds huizen bij.
   _Ze_ zeggen dat al zo lang.
   _Ze_ zeiden dat een paar jaar geleden ook al.

De betekenis van beide vormen is gelijk.
De _ze_-vorm behoort weliswaar tot het spraakgebruik, doch _men_ verdient voorkeur.

2. *Last hebben van*

   „Last hebben van" wordt in het Nederlands gebruikt, wanneer men „Beschwerden haben" bedoelt:

   Ik heb last van mijn maag (Ich habe Magenbeschwerden)
   Jij hebt last van je buik (Du hast Bauchbeschwerden)
   U heeft last van hoofdpijn (Sie haben Kopfweh)
   Hij heeft last van zijn lever (Er hat Leberbeschwerden)
   Zij heeft last van haar blindedarm (Sie hat Beschwerden am Blinddarm)
   Zij heeft blindedarmontsteking (Sie hat Blinddarmentzündung)

3. *Snipperdag*

   De „snipperdag" is een typisch Nederlands woordt.
   Het betekent één vrije dag van de vakantiedagen die men per jaar heeft.
   Snipper komt van versnipperen (zerschnibbeln).

4. Woorden met een uitgang op *-isch*

   Ofschoon in het Nederlands alle woorden, die vroeger een uitgang op -sch hadden zijn vereenvoudigd (de men*sch* werd de mens – de wen*sch* werd de wen*s*, bijvoorbeeld), is de uitgang *-sch* in *eigennamen* gebleven. Zo onder andere in de naam van de stad 's Hertogenbosch (of ook wel Den Bosch) ist de uitgang *-ch* gebleven.
   Anders ist het met de uitgang *-isch*.
   In les 9 A komt het woord *typisch* voor.
   Zo ook: logisch – komisch – historisch, enzovoort.

5. *Nieuwe werkwoorden*

   onderzoeken (untersuchen) – overwerken (Überstunden machen/länger arbeiten) – verwennen (verwöhnen) – boemelen (bummeln) – vieren (feiern) – te gast zijn (zu Gast sein) – trek hebben (Appetit haben) – experimenteren (experimentieren).

75

# 9

## 9 C  Oefeningen

1. *Maak de volgende zinnen in het imperfekt:*
    a. Ik ben ziek.
    b. Ik ben bij de dokter.
    c. Hij heeft last van buikpijn.
    d. De dokter onderzoekt hem.
    e. Ik zie mezelf in gedachten al in het ziekenhuis liggen.
    f. Hij geeft mij een recept.
    g. Ik wil een paar gramofoonplaten kopen.
    h. Ik wacht buiten.

2. *Maak de volgende zinnen in het perfekt:*
    a. Is het een dringende aangelegenheid?
    b. Zij is op 29 februari jarig.
    c. Zij vragen mij of ik getuige bij hun huwelijk wil zijn.
    d. Hij vergeet het mij eerder te vragen.
    e. Hij vindt het nummer in het telefoonboek.
    f. Het is een geweldig experiment.
    g. Wij hebben een snipperdag.
    h. Hoort u de tweede symfonie van Johannes Brahms?

3. *Vertaal in het Nederlands:*
    a. Während der letzten Tage hatte ich Bauchschmerzen.
    b. Der Arzt meinte, ich wäre etwas nervös.
    c. Im Krankenhaus wird man von Krankenschwestern versorgt, verpflegt und ... verwöhnt.
    d. Werden wir zu dem neuen Stadtviertel gehen?
    e. Da werden viele neue Häuser gebaut.
    f. Man sagt, daß dort noch mehr Häuser gebaut werden sollen.
    g. Wann haben Sie Geburtstag gehabt?
    h. Sind Sie in einem Schaltjahr geboren?
    i. Ich möchte ein paar Schallplatten kaufen.
    j. Ich möchte gerne die dritte Sinfonie von Van Beethoven haben.
    k. Hast Du eine Schachtel Zigaretten und Streichhölzer?
    l. Ich lief nach unten und sah den Briefträger.
    m. Er gab mir einen Eilbrief.
    n. Seine künftige Ehefrau ist sehr klug und gescheit.

o. In der Telefonzelle liegt ein Telefonbuch.
p. Bist Du gescheit?
q. Gehen wir zu einer Imbißstube?
r. Wird er den Brief gelesen haben?
s. Ich werde morgen nachmittag kommen.
t. Aber ich möchte vorschlagen, abends zu kommen.

*Den Haag, Werkpaleis van de Koningin*

**LES 10**

## 10 A  Een vergadering

> **Uitnodiging**
>
> aan de leden van de Ondernemingsraad voor een vergadering op 27 augustus a.s. 's middags om 3 uur in de vergaderzaal van onze onderneming te Enschede.
>
> **Agenda:**
>
> 1. Opening door de voorzitter.
> 2. Notulen van de vergadering van 23 juli jl.
> 3. Mededelingen.
> 4. De economische situatie in ons bedrijf.
>    (Discussie over het rapport van de Commissie-Schraver)
> 5. Rondvraag.
> 6. Sluiting.
>
> Men wordt verzocht op tijd aanwezig te zijn.
>
> De Secretaris

De voorzitter, de heer P. Jansen, opent de vergadering:
„Dames en Heren, ik heet u allen welkom op deze zitting van de Ondernemingsraad.
Ik stel vast dat alle leden aanwezig zijn, met uitzondering van de heer Schaarsbergen, van wie geen bericht van verhindering is ontvangen. Maar ik stel voor, toch te beginnen. Misschien komt hij jets later ..."

(De deur gaat open en de heer Schaarsbergen komt binnen)
Schaarsbergen: „Goedemiddag, Dames en Heren. Neemt u mij niet kwalijk, Meneer de Voorzitter, dat ik zo laat ben. Ik zou op tijd zijn geweest, maar ik zat met mijn auto in een opstopping".
Voorzitter: „Dank u wel, Meneer Schaarsbergen. Hartelijk welkom. We zijn blij dat u er bent. Gaat u zitten.

Ik stel nu voor dat de secretaris eerst de notulen van de vorige vergadering leest."
(De secretaris leest de notulen)
Voorzitter: „Heeft iemand van u op- of aanmerkingen naar aanleiding van de notulen?

Niemand? Dan zijn ze onder dankzegging aan de secretaris goedgekeurd.

Dan komen we nu aan punt 3 van de agenda: ik heb een treurige mededeling. Vanmorgen bereikte mij het bericht dat onze medewerker, de heer Van Dam, gisteren op 63-jarige leeftijd is overleden. Velen van u zullen zich hem herinneren als een toegewijd lid van de Ondernemingsraad. Hij zou volgend jaar met pensioen gaan. Wij zullen zin altijd goed doordrachte adviezen helaas moeten missen. Hij werd te vroeg uit ons midden weggerukt.
Ik stel voor, zijn nagedachtenis met enkele ogenblikken stilte te eren."

Hierna gaat de voorzitter als volgt verder:

„Punt 4 van de agenda bevat een overzicht van de economische situatie in ons bedrijf.
Voor de bespreking hiervan hebben wij een rapport ontvangen van een commissie onder voorzitterschap van de heer Schraver. Dit rapport wil ik nu ter discussie stellen.
Wie van u wil hier iets over zeggen?"
De heer Duivenbode: „Meneer de Voorzitter, ik zou graag een ogenblik het woord hebben."
Voorzitter: „Gaat uw gang. Het woord is aan de heer Duivenbode."
Duivenbode: „Men zal in het rapport reeds hebben opgemerkt, dat met betrekking tot de economische situatie in ons bedrijf vooral maatregelen worden bedoeld die niet ten koste gaan van de werkgelegenheid van ons personeel en dat met de afgesloten CAO's ten volle rekening is gehouden. Het zou pijnlijk zijn geweest, wanneer de inhoud van dit rapport negatief zou werken op het personeel.
Door de medezeggenschap in ons bedrijf is dit voorkomen.
Bij enige andere ondernemingen werd reeds gestaakt wegens het ontslag van sommige medewerkers en het zou te betreuren zijn, wanneer dit ook bij ons het geval zou zijn. Een staking is een onaangenaam middel.
Er is wel gesproken over eventuele werktijdverkorting, welke echter van tijdelijke aard zal zijn, naar wij hopen.
Deze verkorting van de werktijd zou noodzakelijk kunnen zijn, opdat het bedrijf kan blijven functioneren.
Dat is een positief punt.
Ik zou graag weten hoe de andere leden van de Ondernemingsraad hierover denken en het op prijs stellen, wanneer wij hier tot een gezamenlijk instemmend standpunt zouden komen."

# 10

(Ook andere leden voeren het woord en geven hun mening. Daarna wordt het rapport met algemene stemmen goedgekeurd en met een positief advies naar de Raad van Bestuur gezonden).

Voor de rondvraag meldt zich niemand.
Daarna sluit de voorzitter om 5.10 uur de vergadering.

## 10 B  Grammatica

1. *Afkortingen*

   In het Nederlands worden tamelijk veel afkortingen gebruikt.
   Op de bladzijden 88-90 is een lijst van veel voorkomende afkortingen opgenomen.
   In les 10 A komen er twee voor, die dikwijls worden gebruikt, namelijk a.s. en jl.
   *a.s.* betekent *aanstaande* (kommend/bevorstehend/künftig/nächste(r)).
   In les 10 A komt voor: *27 augustus a.s.* Dit betekent dus: *kommenden 27. August* en:
   *jl.* (of *j.l.*) betekent *jongstleden* (am letzten/vorigen/dieses Jahres).
   In les 10 A komt voor: „. . . de vergadering van *23 juli jl.*"
   Dit betekent dus *vorigen 23. Juli* (oder *23. Juli dJ.*).
   Men dient hierbij wel te bedenken, dat de afkorting uitsluitend *achter* de datum, dag of maand mag worden gebruikt en *niet er vóór*. Men schrijft dus: *aanstaande* maandag, maar: maandag *a.s.*
   Ook: *jongstleden* donderdag, maar: donderdag jl.

2. *ten koste van*

   *ten* is een voorzetsel (Präposition) dat alleen in vaste uitdrukkingen wordt gebruikt en dikwijls een wat ouderwetse oorsprong heeft.

   Hier volgen enige voorbeelden:

   ten koste van (auf Kosten von)   ten bate van (zugunsten von)
   ten huize van (im Hause von)    ten gunste van (zugunsten von)
   ten tijde van (zu Zeiten van)   ten behoeve van (zugunsten von)

   Ook de volgende uitdrukkingen komen in het Nederlands voor:

   de heer des huizes (der Herr des Hauses)
   in de naam des Vaders (in religieuze betekenis) (im Namen des Vaters)

dezer dagen (dieser Tage/einer von diesen Tagen)
ter gelegenheid van (anläßlich)
ter discussie stellen (zur Diskussion stellen)

3. *Neemt u mij niet kwalijk*
of: *neemt u het mij niet kwalijk,* of, *neem me niet kwalijk* (nehmen Sie es mir nicht übel/entschuldigen Sie).

Deze vormen worden altijd gebruikt wanneer men zich op hoffelijke wijze wil verontschuldigen (entschuldigen).
De korte vorm van verontschuldiging is het Franse: *pardon* (Verzeihung).
Jongelui (Junge Leute) gebruiken onder elkaar dikwijls de Engelse uitdrukking *sorry,* wanneer ze „Verzeihung" bedoelen.
Deze uitdrukking wordt door de heer Schaarsbergen in les 10 A dan ook *niet* gebruikt.

4. *opdat, omdat, om te*
met *opdat* is het hulpwerkwoord *kunnen* verbonden:

In les 10 A: „Deze verkorting van de werktijd zou noodzakelijk kunnen zijn, *opdat* het bedrijf kan blijven functioneren."

Andere voorbeelden zijn:

Hij studeert vlijtig, *opdat* hij snel zijn diploma zal kunnen behalen.
(Er studiert fleißig, *damit* er bald sein Diplom bekommen kann.)
Hij spaart, *opdat* hij spoedig een huis kan kopen.
(Er spart, *damit* er bald ein Haus kaufen kann.)

Met *omdat* is steeds het hulpwerkwoord *willen* verbonden:

Hij studeert vlijtig, *omdat* hij snel zijn diploma wil behalen.
Hij spaart, *omdat* hij spoedig een huis wil kopen.

*om te:*

Hij studeert vlijtig, *om* snel zijn diploma *te* kunnen behalen.
Hij spaart, *om* spoedig een huis *te* kunnen kopen.

In deze laatste twee voorbeelden is het hulpwerkwoord *kunnen* facultatief, d.w.z. het kan ook weggelaten worden.

5. *Nieuwe werkwoorden*
behandelen (behandeln) – discussiëren (diskutieren) – aanwezig zijn (anwesend sein) – in een opstopping zitten (sich in einem Verkehrsstau befinden) – op- en aanmerkingen hebben (Bemerkungen machen) – bereiken (erreichen) – overlijden (sterben/hinscheiden) – zich herinneren (sich erinnern) – met pensioen gaan (in Pension gehen/pensioniert werden/in den Ruhestand treten) – wegrukken (wegreißen/hinwegraffen) – eren (ehren) – bevatten (enthalten) – toelichten (erläutern) – adviseren (beraten/empfehlen) – ter discussie stellen (zur Diskussion stellen) – rekening houden met (Rücksicht nehmen auf/berücksichtigen) – voorkomen (zuvorkommen) – staken (streiken) – betreuren (bedauern) – functioneren (funktionieren) – op prijs stellen (schätzen/Wert legen auf) – het woord voeren (das Wort ergreifen) – een mening geven (eine Meinung äußern) – goedkeuren (genehmigen/billigen) – verwijzen (verweisen) – kwalijk nemen (übelnehmen) – verontschuldigen (entschuldigen) – verbinden (verbinden) – een diploma behalen (ein Diplom bekommen).

## 10 C  Oefeningen

1. *Vertaal les 10 A in het Duits.*

2. *Vertaal in het Nederlands:*
   a. Die Mitglieder des Betriebsrates waren in einer Versammlung.
   b. Der Vorsitzende hat die Sitzung eröffnet.
   c. Sie werden in dem Bericht gemerkt haben, daß es nicht stimmt.
   d. Es wäre peinlich gewesen, wenn ein Streik ausgebrochen wäre.
   e. Die Kurzarbeit ist nur vorübergehend.
   f. Ich würde es schätzen, wenn wir zu einer gemeinsamen Meinung kommen könnten.
   g. Wir lernen Niederländisch, damit wir es sprechen, lesen und schreiben können.
   h. Ich tue mein Bestes, damit ich Niederländisch schnell beherrsche.
   i. Am kommenden Dienstag werde ich zu dir kommen.
   j. Am vergangenen Mittwoch konnte ich leider nicht kommen, obwohl ich gerne gekommen wäre.
   k. Der Herr des Hauses war nicht zu Hause.
   l. Entschuldigen Sie bitte, daß ich etwas zu spät gekommen bin.
   m. Um ein Auto kaufen zu können, muß ich Geld sparen.

*LES 11*

# Allerlei

2. **Enige kleuren**        *Adjektief*

   *blauw*        blauwe
   blau

   *crème*        crème
   creme

   *bruin*        bruine
   braun

   *geel*        gele
   gelb

   *groen*        groene
   grün

   *grijs*        grijze
   grau

   *oranje*        oranje
   orange

   *rood*        rode
   rot

   *rose*        rose
   rosa

   *wit*        witte
   weiß

   *zwart*        zwarte
   schwarz

3. **Enige beroepen**        *Werkwoord*

   *administrateur*        administreren
   Verwalter        administrieren/verwalten

   *archtiktekt*
   Architekt

# 11

| | |
|---|---|
| *boekhouder* | *boekhouden* |
| Buchhalter | Buch führen |
| *conducteur* | |
| Schaffner | |
| *dichter* | *dichten* |
| Dichter | dichten |
| *direkteur* | |
| Direktor | |
| *elektricien* | |
| Elektriker | |
| *groenteman* | |
| Gemüsehändler | |
| *inkoper* | *inkopen* |
| Einkäufer | einkaufen |
| *journalist* | |
| Journalist | |
| *kantoorbediende* | |
| Büroangestellte(r) | |
| *kapper/kapster* | *kappen* |
| Friseur/Friseuse | frisieren |
| *kleermaker* | |
| Schneider | |
| *kweker* | *kweken* |
| Züchter | züchten |
| *leraar* | *leren* |
| Lehrer | lehren |
| *metselaar* | *metselen* |
| Maurer | mauern |
| *monteur* | *monteren* |
| Mechaniker/Monteur | montieren |
| *officier* | |
| Offizier | |

# 11

*officier van justitie*
Staatsanwalt

*politie-agent*
Polizist

*portier*
Portier/Pförtner

*rechter*            *rechtspreken*
Richter            Recht sprechen

*secretaris*
Sekretär

*secretaresse*
Sekretärin

*schrijver/auteur*      *schrijven*
Schriftsteller          schreiben

*slager*
Metzger

*soldaat*
Soldat

*stenograaf*        *stenograferen*
Stenograf         stenografieren

*technicus*
Techniker

*timmerman*       *timmeren*
Zimmermann      zimmern

*tolk*               *tolken*
Dolmetscher       dolmetschen

*tuinman*          *tuinieren*
Gärtner           im Garten arbeiten

*verkoper/verkoopster*    *verkopen*
Verkäufer/Verkäuferin    verkaufen

3. *Enige landen met hun hoofdsteden en nationaliteiten*

| Land | Hoofdstad | Nationaliteit (mnl./vrl.) |
|---|---|---|
| Nederland | Amsterdam | Nederlander/Nederlandse |
| Duitsland (Bondsrepubliek Duitsland) | Bonn | Duitser/Duitse |
| DDR (Duitse Democratische Republiek) | Oost-Berlin | Duitser/Duitse |
| Oostenrijk | Wenen | Oostenrijker/Oostenrijkse |
| Zwitserland | Bern | Zwitser/Zwitserse |
| Noorwegen | Oslo | Noor/Noorse |
| Denemarken | Kopenhagen | Deen/Deense |
| Zweden | Stockholm | Zweed/Zweedse |
| Engeland (Groot-Brittanië) | Londen | Engelsman/Engelse – Brit/Britse |
| Noord-Ierland | Belfast | Noord-Ier/Noord-Ierse |
| Ierse Republiek | Dublin | Ier/Ierse |
| België | Brussel | Belg/Belgische |
| Luxemburg | Luxemburg | Luxemburger/Luxemburgse |
| Frankrijk | Parijs | Fransman/Française |
| Italië | Rome | Italiaan/Italiaanse |
| Spanje | Madrid | Spanjaard/Spaanse |
| Griekenland | Athene | Griek/Griekse |
| Portugal | Lissabon | Portugees/Portugeese |
| Turkije | Ankara | Turk/Turkse |
| Sovjet-Unie | Moskou | Rus/Russische (Russin) |
| Tsjechoslowakije | Praag | Tsjechoslowaak/Tsjechoslowaakse |
| Roemenië | Boekarest | Roemeen/Roemeense |
| Hongarije | Boedapest | Hongaar/Hongaarse |
| Amerika (Verenigde Staten van) | Washington | Amerikaan/Amerikaanse |
| Canada | Ottawa | Canadees/Canadeese |
| Volksrepubliek China | Peking | Chinees/Chineese |
| Indonesië | Djakarta | Indonesiër/Indonesische |
| India | New-Delhi | Indiër/Indische |

4. *Iets over Nederland*

Nederland heeft elf provincies (tussen haakjes de hoofdstad van elke provincie):

Groningen (Groningen) – Friesland (Leeuwarden) – Drente (Assen) – Overijssel (Zwolle) – Gelderland (Arnhem) – Utrecht (Utrecht) – Noord-Holland (Haarlem) – Zuid-Holland (Den Haag) – Zeeland (Middelburg) – Noord-Brabant ('s Hertogenbosch) – Limburg (Maastricht).

Amsterdam is de hoofdstad van Nederland.
De zetel van de regering en het parlement is Den Haag.
De koningin woont in Den Haag.

Het parlement bestaat uit de Tweede Kamer en de Eerste Kamer. Samen vormen zij de Staten-Generaal.

Elk jaar, op de derde dinsdag in de maand septemer, wordt het parlementaire jaar door de koningin geopend in een gemeenschappelijke zitting van regering en de beide Kamers der Staten-Generaal. Dan leest de koningin de troonrede voor. Dat is de regeringsverklaring.

In Nederland bestaat een parlementaire democratie.

# Afkortingen

| | | |
|---|---|---|
| ad. | ten bedrage van | im Betrag von |
| adj. | adjunct | stellvertretend |
| afd. | afdeling | Abteilung |
| afz. | afzender | Absender |
| a.h.w. | als het ware | gewissermaßen/sozusagen |
| art. | artikel | Artikel |
| a.s. | aanstaande | nächste/kommende |
| a.u.b. | alstublieft | bitte (schön) |
| blz. | bladzijde | Seite |
| b.v. | bijvoorbeeld | zum Beispiel |
| bv (BV) | beperkte vennootschap | etwa GmbH |
| BTW | belasting toegevoegde waarde | Mehrwertsteuer |
| ca. | circa/ongeveer | zirka/ungefähr/etwa |
| CAO | Collectieve Arbeids Overeenkomst | Tarifvertrag |
| c.q. | casu quo | wenn/gegebenenfalls |
| c.v. | commanditaire vennootschap | etwa Kommanditgesellschaft |
| d.d./dd | de dato | vom (Datum) |
| dhr. | de heer | Herrn/Herr |
| d.m.v. | door middel van | mittels |
| d.w.z. | dat wil zeggen | das heißt |
| e.d. | en dergelijke | und dergleichen |
| e.e.a. | een en ander | dies und das |
| e.k. | eerstkomend | nächste/kommende |
| enz. | enzovoort | und so weiter |
| e.v. | en volgende | und nächste(r) |
| excl. | exclusief | ausschließlich |
| fa./Fa. | firma | Firma |
| fig. | figuurlijk | figürlich/sinngemäß |
| ha. | hectare | Hektar |
| incl. | inclusief | einschließlich |
| i.o.m. | in overleg met | in Einvernehmen mit/im Einverständnis mit/nach Rücksprache mit |
| i.p.v. | in plaats van | anstelle/statt |
| i.v.m. | in verband met | in Zusammenhang mit |
| jhr. | jonkheer (adel. titel) | etwa Junker |
| j.l./jl. | jongstleden | am letzten/vorigen |

| | | |
|---|---|---|
| k.g./kg. | kilogram | Kilogramm |
| m. | meter | Meter |
| m² | vierkante meter | Quadratmeter |
| m³ | kubieke meter | Kubikmeter |
| m.b.t. | met betrekking tot | in bezug auf/bezüglich der (des) |
| mej.* | mejuffrouw | Fräulein |
| mevr.* | mevrouw | (gnädige) Frau |
| m.i. | mijns inziens | meines Erachtens |
| m.i.v. | met ingang van | mit Wirkung von |
| my | maatschappij | Gesellschaft (Unternehmen) |
| n.a.v. | naar aanleiding van | anläßlich |
| n.l./nl. | namelijk | nämlich |
| n.v./N.V. | naamloze vennootschap | etwa Aktiengesellschaft |
| o.a. | onder andere | unter anderem (Sachen) |
| o.a. | onder anderen | unter anderen (Personen) |
| o.i. | onzes inziens | unseres Erachtens |
| o.m. | onder meer | unter anderem |
| opm. | opmerking | Bemerkung |
| p.a. | per adres | bei |
| pag. | pagina | Seite |
| pct./% | percent/procent | Prozent |
| plv. | plaatsvervangend | stellvertretend |
| p.p. | per procuratie | per Prokura (zeichnen) |
| prot./Prot. | protestant(s) | Protestant |
| p.s. | postscriptum | Nachschrift/Postskript(um) |
| q.q. | qualitate qua/ambtshalve | amtshalber/von Amts wegen |
| resp. | respektievelijk | beziehungsweise |
| r.k./R.K. | rooms-katholiek | römisch-katholisch |
| s.v.p. | s'il vous plait (Frans) | bitte(schön) |
| t.a.v. | ten aanzien van | in Hinblick auf |
| t.a.v. | ter attentie van | zu Händen von |
| t.b.v. | ten behoeve van | zugunsten von |
| t.e.m. | tot en met | bis einschließlich |
| t.g.v. | ter gelegenheid van | anläßlich |
| t.o.v. | ten opzichte van | hinsichtlich |
| t.w. | te weten | und zwar/zu wissen/ bekanntlich |

* Deze afkorting mag niet midden in een zin worden gebruikt.

| | | |
|---|---|---|
| t.z.t. | te zijner tijd | gelegentlich |
| vnl. | voornamelijk/hoofdzakelijk | vornehmlich/hauptsächlich |
| w.g. | was getekend | gezeichnet (Gez.) |
| zg./zgn. | zogenaamde | sogenannt(e) |
| z.o.z. | zie ommezijde | b. w./bitte wenden |

**Enige andere afkortingen**

| | | |
|---|---|---|
| A.B.N. | Algemeen Beschaafd Nederlands | Hochniederländisch |
| A.N.P. | Algemeen Nederlands Persbureau | Niederländische Nachrichten-Agentur |
| EG | Europese Gemeenschap | Europäische Gemeinschaft |
| K.L.M. | Koninklijke Luchtvaart Maatschappij | Königliche Luftfahrt-Gesellschaft |
| K.v.K. | Kamer van Koophandel en Fabrieken | Industrie- und Handelskammer |
| R.V.D. | Regerings Voorlichtings Dienst | Regierungspresseamt |
| VN | Verenigde Naties | Vereinte Nationen |
| V.V.V. | Vereniging voor Vreemdelingen Verkeer | Verkehrsverein |

# Verbuigingen

# Hulpwerkwoorden

*Hebben* (haben)

| Tegenw. tijd | Imperfekt | Perfekt |
|---|---|---|
| ik heb | ik had | ik heb gehad |
| jij hebt | jij had | jij hebt gehad |
| u heeft | u had | u heeft gehad |
| hij heeft | hij had | hij heeft gehad |
| zij heeft | zij had | zij heeft gehad |
| wij hebben | wij hadden | wij hebben gehad |
| jullie hebben | jullie hadden | jullie hebben gehad |
| u heeft | u had | u heeft gehad |
| zij hebben | zij hadden | zij hebben gehad |

*Zijn* (sein)

| | | |
|---|---|---|
| ik ben | ik was | ik ben gewest |
| jij bent | jij was | jij bent geweest |
| u bent | u was | u bent geweest |
| hij is | hij was | hij is gewest |
| zij is | zij was | zij is geweest |
| wij zijn | wij waren | wij zijn geweest |
| jullie zijn | jullie waren | jullie zijn geweest |
| u bent | u was | u bent geweest |
| zij zijn | zij waren | zij zijn geweest |

*Kunnen* (können)\*

| | | |
|---|---|---|
| ik kan | ik kon | ik heb gekund |
| jij kunt | jij kon | jij hebt gekund |
| u kunt | u kon | u heeft gekund |
| hij kan | hij kon | hij heeft gekund |
| zij kan | zij kon | zij heeft gekund |
| wij kunnen | wij konden | wij hebben gekund |
| jullie kunnen | jullie konden | jullie hebben gekund |
| u kunt | u kon | u heeft gekund |
| zij kunnen | zij konden | zij hebben gekund |

*Laten* (lassen)\*

| | | |
|---|---|---|
| ik laat | ik liet | ik heb gelaten |
| jij laat | jij liet | jij hebt gelaten |

| | | |
|---|---|---|
| u laat | u liet | u heeft gelaten |
| hij laat | hij liet | hij heeft gelaten |
| zij laat | zij liet | zij heeft gelaten |
| wij laten | wij lieten | wij hebben gelaten |
| jullie laten | jullie lieten | jullie hebben gelaten |
| u laat | u liet | u heeft gelaten |
| zij laten | zij lieten | zije hebben gelaten |

*Moeten* (müssen)\*

| | | |
|---|---|---|
| ik moet | ik moest | ik heb gemoeten |
| jij moet | jij moest | jij hebt gemoeten |
| u moet | u moest | u heeft gemoeten |
| hij moet | hij moest | hij heeft gemoeten |
| zij moet | zij moest | zij heeft gemoeten |
| wij moeten | wij moesten | wij hebben gemoeten |
| jullie moeten | jullie moesten | jullie hebben gemoeten |
| u moet | u moest | u heeft gemoeten |
| zij moeten | zij moesten | zij hebben gemoeten |

*Mogen* (dürfen)\*

| | | |
|---|---|---|
| ik mag | ik mocht | ik heb gemogen |
| jij mag | jij mocht | jij hebt gemogen |
| u mag | u mocht | u heeft gemogen |
| hij mag | hij mocht | hij heeft gemogen |
| zij mag | zij mocht | zij heeft gemogen |
| wij mogen | wij mochten | wij hebben gemogen |
| jullie mogen | jullie mochten | jullie hebben gemogen |
| u mag | u mocht | u heeft gemogen |
| zij mogen | zij mochten | zij hebben gemogen |

*Willen* (wollen/mögen)\*

| | | |
|---|---|---|
| ik wil | ik wilde | ik heb gewild |
| jij wilt | jij wilde | jij hebt gewild |
| u wilt | u wilde | u heeft gewild |
| hij wil | hij wilde | hij heeft gewild |
| zij wil | zij wilde | zij heeft gewild |
| wij willen | wij wilden | wij hebben gewild |
| jullie willen | jullie wilden | jullie hebben gewild |
| u wilt | u wilde | u heeft gewild |
| zij willen | zij wilden | zij hebben gewild |

*Worden* (werden)

| | | |
|---|---|---|
| ik word | ik werd | ik ben geworden |
| jij wordt | jij werd | jij bent geworden |
| u wordt | u werd | u bent geworden |
| hij wordt | hij werd | hij is geworden |
| zij wordt | zij werd | zij is geworden |
| wij worden | wij werden | wij zijn geworden |
| jullie worden | jullie werden | jullie zijn geworden |
| u wordt | u werd | u bent geworden |
| zij worden | zij werden | zij zijn geworden |

*Zullen* (sollen/werden)\*

| | | |
|---|---|---|
| ik zal | ik zou | — |
| jij zult | jij zou | — |
| u zult | u zou | — |
| hij zal | hij zou | — |
| zij zal | zij zou | — |
| wij zullen | wij zouden | — |
| jullie zullen | jullie zouden | — |
| u zult | u zou | — |
| zij zullen | zij zouden | — |

\* De perfektvorm dezer hulpwerkwoorden wordt bijna niet gebruikt zoals hier aangegeven.
Met nadruk wordt verwezen naar de verklaringen van het gebruik dezer hulpwoorden in les 2 B (2 en 3) en les 3 B (4 en 5).

# Enige zwakke (regelmatige) werkwoorden

| Tegenw. tijd | Imperfekt | Perfekt |
|---|---|---|
| *beheersen* (beherrschen) | | |
| ik beheers | ik beheerste | ik heb beheerst |
| wij beheersen | wij beheersten | wij hebben beheerst |
| *bellen* (schellen/klingeln) | | |
| ik bel | ik belde | ik heb gebeld |
| wij bellen | wij belden | wij hebben gebeld |
| *bemerken* (bemerken) | | |
| ik bemerk | ik bemerkte | ik heb bemerkt |
| wij bemerken | wij bemerkten | wij hebben bemerkt |
| *benoemen* (ernennen/benennen) | | |
| ik benoem | ik benoemde | ik heb benoemd |
| wij benoemen | wij benoemden | wij hebben benoemd |
| | | ik *ben* benoemd |
| | | wij *zijn* benoemd |
| *blaffen* (bellen) | | |
| hij blaft | hij blafte | hij heeft geblaft |
| zij blaffen | zij blaften | zij hebben geblaft |
| *bouwen* (bauen) | | |
| ik bouw | ik bouwde | ik heb gebouwd |
| wij bouwen | wij bouwden | wij hebben gebouwd |
| *dansen* (tanzen) | | |
| ik dans | ik danste | ik heb gedanst |
| wij dansen | wij dansten | wij hebben gedanst |
| *dienen* (dienen) | | |
| ik dien | ik diende | ik heb gediend |
| wij dienen | wij dienden | wij hebben gediend |
| *dikteren* (diktieren) | | |
| ik dikteer | ik dikteerde | ik heb gedikteerd |
| wij dikteren | wij dikteerden | wij hebben gedikteerd |

*dineren* (zu Abend essen/dinieren)

| | | |
|---|---|---|
| ik dineer | ik dineerde | ik heb gedineerd |
| wij dineren | wij dineerden | wij hebben gedineerd |

*drukken* (drücken)

| | | |
|---|---|---|
| ik druk | ik drukte | ik heb gedrukt |
| wij drukken | wij drukten | wij hebben gedrukt |

*durven* (wagen)

| | | |
|---|---|---|
| ik durf | ik durfde | ik heb gedurfd |
| wij durven | wij durfden | wij hebben gedurfd |

*fietsen* (radfahren)

| | | |
|---|---|---|
| ik fiets | ik fietste | ik heb gefietst |
| wij fietsen | wij fietsten | wij hebben gefietst |

*fluisteren* (flüstern)

| | | |
|---|---|---|
| ik fluister | ik fluisterde | ik heb gefluisterd |
| wij fluisteren | wij fluisterden | wij hebben gefluisterd |

*gebruiken* (gebrauchen/benutzen/anwenden)

| | | |
|---|---|---|
| ik gebruik | ik gebruikte | ik heb gebruikt |
| wij gebruiken | wij gebruikten | wij hebben gebruikt |

*hagelen* (hageln)

| | | |
|---|---|---|
| *het* hagelt | *het* hagelde | *het* heeft gehageld |

*halen* (holen)

| | | |
|---|---|---|
| ik haal | ik haalde | ik heb gehaald |
| wij halen | wij haalden | wij hebben gehaald |

*hopen* (hoffen)

| | | |
|---|---|---|
| ik hoop | ik hoopte | ik heb gehoopt |
| wij hopen | wij hoopten | wij hebben gehoopt |

*horen* (hören)

| | | |
|---|---|---|
| ik hoor | ik hoorde | ik heb gehoord |
| wij horen | wij hoorden | wij hebben gehoord |

*huilen* (weinen/heulen)

| | | |
|---|---|---|
| ik huil | ik huilde | ik heb gehuild |
| wij huilen | wij huilden | wij hebben gehuild |

*huren* (mieten)

| | | |
|---|---|---|
| ik huur | ik huurde | ik heb gehuurd |
| wij huren | wij huurden | wij hebben gehuurd |

*koken* (kochen)

| | | |
|---|---|---|
| ik kook | ik kookte | ik heb gekookt |
| wij koken | wij kookten | wij hebben gekookt |

*leggen* (legen)

| | | |
|---|---|---|
| ik leg | ik legde | ik heb gelegd |
| wij leggen | wij legden | wij hebben gelegd |

*leven* (leben)

| | | |
|---|---|---|
| ik leef | ik leefde | ik heb geleefd |
| wij leven | wij leefden | wij hebben geleefd |

*luisteren* (lauschen/zuhören)

| | | |
|---|---|---|
| ik luister | ik luisterde | ik heb geluisterd |
| wij luisteren | wij luisterden | wij hebben geluisterd |

*maken* (machen/tun)

| | | |
|---|---|---|
| ik maak | ik maakte | ik heb gemaakt |
| wij maken | wij maakten | wij hebben gemaakt |

*monteren* (montieren/aufstellen)

| | | |
|---|---|---|
| ik monteer | ik monteerde | ik heb gemonteerd |
| wij monteren | wij monteerden | wij hebben gemonteerd |

*noemen* (nennen)

| | | |
|---|---|---|
| ik noem | ik noemde | ik heb genoemd |
| wij noemen | wij noemden | wij hebben genoemd |

*ondertekenen* (unterschreiben/unterzeichnen)

| | | |
|---|---|---|
| ik onderteken | ik ondertekende | ik heb ondertekend |
| wij ondertekenen | wij ondertekenden | wij hebben ontertekend |

*openen* (öffnen/eröffnen)

| | | |
|---|---|---|
| ik open | ik opende | ik heb geopend |
| wij openen | wij openden | wij hebben geopend |

*regenen* (regnen)

| | | |
|---|---|---|
| *het* regent | *het* regende | *het* heeft geregend |

*rekenen* (rechnen)

| | | |
|---|---|---|
| ik reken | ik rekende | ik heb gerekend |
| wij rekenen | wij rekenden | wij hebben gerekend |

*roken* (rauchen)

| | | |
|---|---|---|
| ik rook | ik rookte | ik heb gerookt |
| wij roken | wij rookten | wij hebben gerookt |

*schreeuwen* (schreien)

| | | |
|---|---|---|
| ik schreeuw | ik schreeuwde | ik heb geschreeuwd |
| wij schreeuwen | wij schreeuwden | wij hebben geschreeuwd |

*sneeuwen* (schneien)

| | | |
|---|---|---|
| *het* sneeuwt | *het* sneeuwde | *het* heeft gesneeuwd |

*spelen* (spielen)

| | | |
|---|---|---|
| ik speel | ik speelde | ik heb gespeeld |
| wij spelen | wij speelden | wij hebben gespeeld |

*studeren* (studieren)

| | | |
|---|---|---|
| ik studeer | ik studeerde | ik heb gestudeerd |
| wij studeren | wij studeerden | wij hebben gestudeert |

*sturen* (senden/lenken/steuern)

| | | |
|---|---|---|
| ik stuur | ik stuurde | ik heb gestuurd |
| wij sturen | wij stuurden | wij hebben gestuurd |
| | | ik *ben* gestuurd |
| | | wij *zijn* gestuurd |

*tekenen* (zeichnen)

| | | |
|---|---|---|
| ik teken | ik tekende | ik heb getekend |
| wij tekenen | wij tekenden | wij hebben getekend |

*telefoneren* (telefonieren)

| | | |
|---|---|---|
| ik telefoneer | ik telefoneerde | ik heb getelefoneerd |
| wij telefoneren | wij telefoneerden | wij hebben getelefoneerd |

*trouwen* (heiraten)

| | | |
|---|---|---|
| ik trouw | ik trouwde | ik *ben* getrouwd |
| wij trouwen | wij trouwden | wij *zijn* getrouwd |

*veranderen* (verändern/ändern)

| | | |
|---|---|---|
| ik verander | ik veranderde | ik heb veranderd |
| wij veranderen | wij veranderden | wij hebben veranderd |
| | | ik *ben* veranderd |
| | | wij *zijn* veranderd |

*verbouwen* (umbauen/anbauen)

| | | |
|---|---|---|
| ik verbouw | ik verbouwde | ik heb verbouwd |
| wij verbouwen | wij verbouwden | wij hebben verbouwd |

*verdienen* (verdienen)

| | | |
|---|---|---|
| ik verdien | ik verdiende | ik heb verdiend |
| wij verdienen | wij verdienden | wij hebben verdiend |

*verplegen* (verpflegen)

| | | |
|---|---|---|
| ik verpleeg | ik verpleegde | ik heb verpleegd |
| wij verplegen | wij verpleegden | wij hebben verpleegd |
| | | ik *ben* verpleegd |
| | | wij *zijn* verpleegd |

*verzorgen* (versorgen/verpflegen)

| | | |
|---|---|---|
| ik verzorg | ik verzorgde | ik heb verzorgd |
| wij verzorgen | wij verzorgden | wij hebben verzorgd |
| | | ik *ben* verzorgd |
| | | wij *zijn* verzorgd |

*wagen* (wagen/sich getrauen)

| | | |
|---|---|---|
| ik waag | ik waagde | ik heb gewaagd |
| wij wagen | wij waagden | wij hebben gewaagd |

*wekken* (wecken)

| | | |
|---|---|---|
| ik wek | ik wekte | ik heb gewekt |
| wij wekken | wij wekten | wij hebben gewekt |
| | | ik *ben* gewekt |
| | | wij *zijn* gewekt |

*wijzigen* (ändern)

| | | |
|---|---|---|
| ik wijzig | ik wijzigde | ik heb gewijzigd |
| wij wijzigen | wij wijzigden | wij hebben gewijzigd |

*zeilen* (segeln)

| | | |
|---|---|---|
| ik zeil | ik zeilde | ik heb gezeild |
| wij zeilen | wij zeilden | wij hebben gezeild |

*zorgen* (sorgen)

| | | |
|---|---|---|
| ik zorg | ik zorgde | ik heb gezorgd |
| wij zorgen | wij zorgden | wij hebben gezorgd |

## Enige zwakke werkwoorden met een uitgang op -aai, oei, -ooi

| *Tegenw. tijd* | *Imperfekt* | *Perfekt* |
|---|---|---|
| *draaien* (drehen) | | |
| ik draai | ik draaide | ik heb gedraaid |
| wij draaien | wij draaiden | wij hebben gedraaid |
| het draait | het draaide | het heeft gedraaid |
| | | het is gedraaid |
| *waaien* (wehen) | | |
| het waait | het waaide | het heeft gewaaid |
| *naaien* (nähen) | | |
| ik naai | ik naaide | ik heb genaaid |
| wij naaien | wij naaiden | wij hebben genaaid |
| *maaien* (mähen) | | |
| ik maai | ik maaide | ik heb gemaaid |
| wij maaien | wij maaiden | wij hebben gemaaid |

*bloeien* (blühen)

| | | |
|---|---|---|
| hij/zij bloeit | hij/zij bloeide | hij/zij heeft gebloeid |
| zij bloeien | zij bloeiden | zij hebben gebloeid |

*roeien* (rudern)

| | | |
|---|---|---|
| ik roei | ik roeide | ik heb geroeid |
| wij roeien | wij roeiden | wij hebben geroeid |

*gloeien* (glühen)

| | | |
|---|---|---|
| het gloeit | het gloeide | het heeft gegloeid |

*gooien* (werfen/schmeißen)

| | | |
|---|---|---|
| ik gooi | ik gooide | ik heb gegooid |
| wij gooien | wij gooiden | wij hebben gegooid |

*tooien* (schmücken/zieren)

| | | |
|---|---|---|
| ik tooi | ik tooide | ik heb getooid |
| wij tooien | wij tooiden | wij hebben getooid |

*Zwakke werkwoorden met uitgang op z.*

*verhuizen* (übersiedeln)

| | | |
|---|---|---|
| ik verhuis | ik verhuisde | ik ben verhuisd |
| wij verhuizen | wij verhuisden | wij zijn verhuisd |
| | | ik heb verhuisd |
| | | wij hebben verhuisd |

*reizen* (reisen)

| | | |
|---|---|---|
| ik reis | ik reisde | ik heb gereisd |
| wij reizen | wij reisden | wij hebben gereisd |

## Enige sterke (onregelmatige) werkwoorden

**1e groep**

| *Tegenw. tijd* | *Imperfekt* | *Perfekt* |
|---|---|---|
| *begrijpen* (begreifen) | | |
| ik begrijp | ik begreep | ik heb begrepen |
| | wij begrepen | wij hebben begrepen |

*blijken* (sich zeigen/sich ergeben)

| | | |
|---|---|---|
| *het* blijkt | *het* bleek | *het* is gebleken |

*blijven* (bleiben)

| | | |
|---|---|---|
| ik blijf | ik bleef | ik ben gebleven |
| | wij bleven | wij zijn gebleven |

*bijten* (beißen)

| | | |
|---|---|---|
| ik bijt | ik beet | ik heb gebeten |
| | wij beten | wij hebben gebeten |
| | | ik ben gebeten |
| | | wij zijn gebeten |

*glijden* (gleiten)

| | | |
|---|---|---|
| ik glij(d) | ik gleed | ik heb gegleden |
| | wij gleden | wij hebben gegleden |

*grijpen* (greifen)

| | | |
|---|---|---|
| ik grijp | ik greep | ik heb gegrepen |
| | wij grepen | wij hebben gegrepen |
| | | ik ben gegrepen |
| | | wij zijn gegrepen |

*krijgen* (kriegen/bekommen)

| | | |
|---|---|---|
| ik krijg | ik kreeg | ik heb gekregen |
| | wij kregen | wij hebben gekregen |

*kijken* (gucken)

| | | |
|---|---|---|
| ik kijk | ik keek | ik heb gekeken |
| | wij keken | wij hebben gekeken |

*lijden* (leiden/dulden)

| | | |
|---|---|---|
| ik lijd | ik leed | ik heb geleden |
| | wij leden | wij hebben geleden |

*lijken* (gleichen)

| | | |
|---|---|---|
| ik lijk | ik leek | ik heb geleken |
| | wij leken | wij hebben geleken |

*ontbijten* (frühstücken)

| | | |
|---|---|---|
| ik ontbijt | ik ontbeet | ik heb ontbeten |
| | wij ontbeten | wij hebben ontbeten |

*prijzen* (loben)

| | | |
|---|---|---|
| ik prijz | ik prees | ik heb geprezen |
| | wij prezen | wij hebben geprezen |

*rijden* (fahren/reiten)

| | | |
|---|---|---|
| ik rij(d) | ik reed | ik heb gereden |
| | wij reden | wij hebben gereden |

*rijzen* (steigen/aufgehen)

| | | |
|---|---|---|
| hij/zij rijst | hij/zij rees | hij/zij is gerezen |
| het rijst | het rees | het is gerezen |

*schrijven* (schreiben)

| | | |
|---|---|---|
| ik schrijf | ik schreef | ik heb geschreven |
| | wij schreven | wij hebben geschreven |

*smijten* (schmeißen)

| | | |
|---|---|---|
| ik smijt | ik smeet | ik heb gesmeten |
| | wij smeten | wij hebben gesmeten |

*snijden* (schneiden)

| | | |
|---|---|---|
| ik snij(d) | ik sneed | ik heb gesneden |
| | wij sneden | wij hebben gesneden |

*stijgen* (steigen)

| | | |
|---|---|---|
| ik stijg | ik steeg | ik ben gestegen |
| | wij stegen | wij zijn gestegen |

*strijden* (streiten/kämpfen)

| | | |
|---|---|---|
| ik strijd | ik streed | ik heb gestreden |
| | wij streden | wij hebben gestreden |

*strijken* (bügeln)

| | | |
|---|---|---|
| ik strijk | ik streek | ik heb gestreken |
| | wij streken | wij hebben gestreken |

*verdwijnen* (verschwinden)

| | | |
|---|---|---|
| ik verdwijn | ik verdween | ik ben verdwenen |
| | wij verdwenen | wij zijn verdwenen |

*wijzen* (zeigen/weisen)

| | | |
|---|---|---|
| ik wijs | ik wees | ik heb gewezen |
| | wij wezen | wij hebben gewezen |

*wrijven* (reiben)

| | | |
|---|---|---|
| ik wrijf | ik wreef | ik heb gewreven |
| | wij wreven | wij hebben gewreven |

**2e groep**

| Tegenw. tijd | Imperfekt | Perfekt |
|---|---|---|

*bedriegen* (betrügen)

| | | |
|---|---|---|
| ik bedrieg | ik bedroog | ik heb bedrogen |
| | wij bedrogen | wij hebben bedrogen |
| | | ik *ben* bedrogen |
| | | wij *zijn* bedrogen |

*bieden* (bieten)

| | | |
|---|---|---|
| ik bied | ik bood | ik heb geboden |
| | wij boden | wij hebben geboden |

*buigen* (beugen/sich verbeugen)

| | | |
|---|---|---|
| ik buig | ik boog | ik heb gebogen |
| | wij bogen | wij hebben gebogen |

*duiken* (tauchen)

| | | |
|---|---|---|
| ik duik | ik dook | ik heb gedoken |
| | wij doken | wij hebben gedoken |

*fluiten* (pfeifen/flöten)

| | | |
|---|---|---|
| ik fluit | ik floot | ik heb gefloten |
| | wij floten | wij hebben gefloten |

*genieten* (genießen)

| | | |
|---|---|---|
| ik geniet | ik genoot | ik heb genoten |
| | wij genoten | wij hebben genoten |

*kiezen* (wählen)

| | | |
|---|---|---|
| ik kies | ik koos | ik heb gekozen |
| | wij kozen | wij hebben gekozen |
| | | ik ben gekozen |
| | | wij zijn gekozen |

*liegen* (lügen)

| | | |
|---|---|---|
| ik lieg | ik loog | ik heb gelogen |
| | wij logen | wij hebben gelogen |

*ruiken* (riechen)

| | | |
|---|---|---|
| ik ruik | ik rook | ik heb geroken |
| | wij roken | wij hebben geroken |

*schieten* (schießen)

| | | |
|---|---|---|
| ik schiet | ik schoot | ik heb geschoten |
| | wij schoten | wij hebben geschoten |

*sluiten* (schließen)

| | | |
|---|---|---|
| ik sluit | ik sloot | ik heb gesloten |
| | wij sloten | wij hebben gesloten |

*snuiten* (schneuzen/die Nase putzen)

| | | |
|---|---|---|
| ik snuit | ik snoot | ik heb gesnoten |
| | wij snoten | wij hebben gesnoten |

*spuiten* (spritzen/sprengen)

| | | |
|---|---|---|
| ik spuit | ik spoot | ik heb gespoten |
| | wij spoten | wij hebben gespoten |

*verbieden* (verbieten/untersagen)

| | | |
|---|---|---|
| ik verbied | ik verbood | ik heb verboden |
| | wij verboden | wij hebben verboden |

*verliezen* (verlieren)

| | | |
|---|---|---|
| ik verlies | ik verloor | ik heb verloren |
| | wij verloren | wij hebben verloren |

*vliegen* (fliegen)

| | | |
|---|---|---|
| ik vlieg | ik vloog | ik ben gevlogen |
| | wij vlogen | wij zijn gevlogen |
| | | ik heb gevlogen |
| | | wij hebben gevlogen |

*vriezen* (frieren)

| | | |
|---|---|---|
| *het* vriest | *het* vroor | *het* heeft gevroren |

*zuigen* (saugen/lutschen)

| | | |
|---|---|---|
| ik zuig | ik zoog | ik heb gezogen |
| | wij zogen | wij hebben gezogen |

## 3e groep

| *Tegenw. tijd* | *Imperfekt* | *Perfekt* |
|---|---|---|

*beginnen* (beginnen/anfangen)

| | | |
|---|---|---|
| ik begin | ik begon | ik ben begonnen |
| | wij begonnen | wij zijn begonnen |

*drinken* (trinken)

| | | |
|---|---|---|
| ik drink | ik dronk | ik heb gedronken |
| | wij dronken | wij hebben gedronken |

*klimmen* (steigen/klettern)

| | | |
|---|---|---|
| ik klim | ik klom | ik heb geklommen |
| | wij klommen | wij hebben geklommen |
| | | ik *ben* geklommen |
| | | wij *zijn* geklommen |

*klinken* (klingen/tönen/anstoßen)

| | | |
|---|---|---|
| ik klink | ik klonk | ik heb geklonken |
| | wij klonken | wij hebben geklonken |
| *het* klinkt | *het* klonk | *het* heeft geklonken |

*schelden* (schelten/schimpfen)

| | | |
|---|---|---|
| ik scheld | ik schold | ik heb gescholden |
| | wij scholden | wij hebben gescholden |

*schenken* (schenken)

| | | |
|---|---|---|
| ik schenk | ik schonk | ik heb geschonken |
| | wij schonken | wij hebben geschonken |

*schrikken* (erschrecken)

| | | |
|---|---|---|
| ik schrik | ik schrok | ik ben geschrokken |
| | wij schrokken | wij zijn geschrokken |

*spinnen* (spinnen/schnurren)

| | | |
|---|---|---|
| ik spin | ik spon | ik heb gesponnen |
| | wij sponnen | wij hebben gesponnen |

*springen* (springen)

| | | |
|---|---|---|
| ik spring | ik sprong | ik heb gesprongen |
| | wij sprongen | wij hebben gesprongen |

*stinken* (stinken)

| | | |
|---|---|---|
| *het* stinkt | *het* stonk | *het* heeft gestonken |

*treffen* (treffen)

| | | |
|---|---|---|
| ik tref | ik trof | ik heb getroffen |
| | wij troffen | wij hebben getroffen |
| | | ik ben getroffen |
| | | wij zijn getroffen |

*trekken* (ziehen)

| | | |
|---|---|---|
| ik trek | ik trok | ik heb getrokken |
| | wij trokken | wij hebben getrokken |

*vertrekken* (abreisen)

| | | |
|---|---|---|
| ik vertrek | ik vertrok | ik ben vertrokken |
| | wij vertrokken | wij zijn vertrokken |

*verzenden* (versenden/absenden/spedieren)

| | | |
|---|---|---|
| ik verzend | ik verzond | ik heb verzonden |
| | wij verzonden | wij hebben verzonden |

*vinden* (finden)

| | | |
|---|---|---|
| ik vind | ik vond | ik heb gevonden |
| | wij vonden | wij hebben gevonden |
| | | ik ben gevonden |
| | | wij zijn gevonden |

*winnen* (gewinnen)

| | | |
|---|---|---|
| ik win | ik won | ik heb gewonnen |
| | wij wonnen | wij hebben gewonnen |

*zenden* (senden/schicken)

| | | |
|---|---|---|
| ik zend | ik zond | ik heb gezonden |
| | wij zonden | wij hebben gezonden |
| | | ik ben gezonden |
| | | wij zijn gezonden |

*zingen* (singen)

| | | |
|---|---|---|
| ik zing | ik zong | ik heb gezongen |
| | wij zongen | wij hebben gezongen |

*zinken* (sinken/untergehen)

| | | |
|---|---|---|
| ik zink | ik zonk | ik ben gezonken |
| | wij zonken | wij zijn gezonken |

*zwemmen* (schwimmen)

| | | |
|---|---|---|
| ik zwem | ik zwom | ik heb gezwommen |
| | wij zwommen | wij hebben gezwommen |

**4e groep**

| *Tegenw. tijd* | *Imperfekt* | *Perfekt* |
|---|---|---|

*bevelen* (befehlen)

| | | |
|---|---|---|
| ik beveel | ik beval | ik heb bevolen |
| | wij bevalen | wij hebben bevolen |
| | | ik ben bevolen |
| | | wij zijn bevolen |

*breken* (brechen/zerbrechen)

| | | |
|---|---|---|
| ik breek | ik brak | ik heb gebroken |
| | wij braken | wij hebben gebroken |

*spreken* (sprechen)

| | | |
|---|---|---|
| ik spreek | ik sprak | ik heb gesproken |
| | wij spraken | wij hebben gesproken |

*steken* (stechen/stecken)

| | | |
|---|---|---|
| ik steek | ik stak | ik heb gestoken |
| | wij staken | wij hebben gestoken |
| | | ik ben gestoken |
| | | wij zijn gestoken |

*stelen* (stehlen)

| | | |
|---|---|---|
| ik steel | ik stal | ik heb gestolen |
| | wij stalen | wij hebben gestolen |

## 5e groep

| Tegenw. tijd | Imperfekt | Perfekt |
|---|---|---|

*eten* (essen)

| | | |
|---|---|---|
| ik eet | ik at | ik heb gegeten |
| | wij aten | wij hebben gegeten |

*genezen* (genesen/heilen)

| | | |
|---|---|---|
| ik genees | ik genas | ik ben genezen |
| | wij genazen | wij zijn genezen |
| | | ik heb genezen |
| | | wij hebben genezen |

*geven* (geben)

| | | |
|---|---|---|
| ik geef | ik gaf | ik heb gegeven |
| | wij gaven | wij hebben gegeven |

*lezen* (lesen)

| | | |
|---|---|---|
| ik lees | ik las | ik heb gelezen |
| | wij lazen | wij hebben gelezen |

*meten* (messen)

| | | |
|---|---|---|
| ik meet | ik mat | ik heb gemeten |
| | wij maten | wij hebben gemeten |

*vergeten* (vergessen)

| | | |
|---|---|---|
| ik vergeet | ik vergat | ik heb vergeten |
| | wij vergaten | wij hebben vergeten |
| | | ik ben vergeten |
| | | wij zijn vergeten |

Maar:

*bidden* (beten)

| | | |
|---|---|---|
| ik bid | ik bad | ik heb gebeden |
| | wij baden | wij hebben gebeden |

*liggen* (liegen)

| | | |
|---|---|---|
| ik lig | ik lag | ik heb gelegen |
| | wij lagen | wij hebben gelegen |

*nemen* (nehmen)

| | | |
|---|---|---|
| ik neem | ik nam | ik heb genomen |
| | wij namen | wij hebben genomen |

*zitten* (sitzen/sich setzen)

| | | |
|---|---|---|
| ik zit | ik zat | ik heb gezeten |
| | wij zaten | wij hebben gezeten |

**6e groep**

| Tegenw. tijd | Imperfekt | Perfekt |
|---|---|---|

*blazen* (blasen)

| | | |
|---|---|---|
| ik blaas | ik blies | ik heb geblazen |
| | wij bliezen | wij hebben geblazen |

*dragen* (tragen)

| | | |
|---|---|---|
| ik draag | ik droeg | ik heb gedragen |
| | wij droegen | wij hebben gedragen |

*graven* (graben)

| | | |
|---|---|---|
| ik graaf | ik groef | ik heb gegraven |
| | wij groeven | wij hebben gegraven |

*slaan* (schlagen)

| | | |
|---|---|---|
| ik sla | ik sloeg | ik heb geslagen |
| | wij sloegen | wij hebben geslagen |
| | | ik ben geslagen |
| | | wij zijn geslagen |

*vallen* (fallen/stürzen)

| | | |
|---|---|---|
| ik val | ik viel | ik ben gevallen |
| | wij vielen | wij zijn gevallen |

*varen* (fahren)

| | | |
|---|---|---|
| ik vaar | ik voer | ik heb gevaren |
| | wij voeren | wij hebben gevaren |

*verlaten* (verlassen)

| | | |
|---|---|---|
| ik verlaat | ik verliet | ik heb verlaten |
| | wij verlieten | wij hebben verlaten |
| | | ik ben verlaten |
| | | wij zijn verlaten |

*vragen* (fragen/bitten)

| | | |
|---|---|---|
| ik vraag | ik vroeg | ik heb gevraagd |
| | wij vroegen | wij hebben gevraagd |

**7e groep** (overige sterke werkwoorden):

| *Tegenw. tijd* | *Imperfekt* | *Perfekt* |
|---|---|---|

*brengen* (bringen)

| | | |
|---|---|---|
| ik breng | ik bracht | ik heb gebracht |
| | wij brachten | wij hebben gebracht |

*denken* (denken)

| | | |
|---|---|---|
| ik denk | ik dacht | ik heb gedacht |
| | wij dachten | wij hebben gedacht |

*doen* (tun/machen)

| | | |
|---|---|---|
| ik doe | ik deed | ik heb gedaan |
| | wij deden | wij hebben gedaan |

*gaan* (gehen)

| | | |
|---|---|---|
| ik ga | ik ging | ik ben gegaan |
| | wij gingen | wij zijn gegaan |

*hangen* (hängen)

| | | |
|---|---|---|
| ik hang | ik hing | ik heb gehangen |
| | wij hingen | wij hebben gehangen |

*helpen* (helfen)

| | | |
|---|---|---|
| ik help | ik hielp | ik heb geholpen |
| | wij hielpen | wij hebben geholpen |
| | | ik ben geholpen |
| | | wij zijn geholpen |

*houden* (halten)

| | | |
|---|---|---|
| ik hou(d) | ik hield | ik heb gehouden |
| | wij hielden | wij hebben gehouden |

*komen* (kommen)

| | | |
|---|---|---|
| ik kom | ik kwam | ik ben gekomen |
| | wij kwamen | wij zijn gekomen |

*kopen* (kaufen)

| | | |
|---|---|---|
| ik koop | ik kocht | ik heb gekocht |
| | wij kochten | wij hebben gekocht |

*lopen* (laufen)

| | | |
|---|---|---|
| ik loop | ik liep | ik heb gelopen |
| | wij liepen | wij hebben gelopen |

*roepen* (rufen)

| | | |
|---|---|---|
| ik roep | ik riep | ik heb geroepen |
| | wij riepen | wij hebben geroepen |
| | | ik ben geroepen |
| | | wij zijn geroepen |

*scheren* (rasieren)

| | | |
|---|---|---|
| ik scheer | ik schoor | ik heb geschoren |
| | wij schoren | wij hebben geschoren |
| | | ik ben geschoren |
| | | wij zijn geschoren |

*staan* (stehen)

| | | |
|---|---|---|
| ik sta | ik stond | ik heb gestaan |
| | wij stonden | wij hebben gestaan |

*sterven* (sterben)

| | | |
|---|---|---|
| ik sterf | ik stierf | hij is gestorven |
| | wij stierven | zij zijn gestorven |

*vangen* (fangen)

| | | |
|---|---|---|
| ik vang | ik ving | ik heb gevangen |
| | wij vingen | wij hebben gevangen |
| | | ik ben gevangen |
| | | wij zijn gevangen |

*verkopen* (verkaufen)

| | | |
|---|---|---|
| ik verkoop | ik verkocht | ik heb verkocht |
| | wij verkochten | wij hebben verkocht |

*verstaan* (verstehen)

| | | |
|---|---|---|
| ik versta | ik verstond | ik heb verstaan |
| | wij verstonden | wij hebben verstaan |
| | | ik ben verstaan |
| | | wij zijn verstaan |

*weten* (wissen)

| | | |
|---|---|---|
| ik weet | ik wist | ik heb geweten |
| | wij wisten | wij hebben geweten |

*zeggen* (sagen)

| | | |
|---|---|---|
| ik zeg | ik zei | ik heb gezegd |
| | wij zeiden | wij hebben gezegd |

*zien* (sehen)

| | | |
|---|---|---|
| ik zie | ik zag | ik heb gezien |
| | wij zagen | wij hebben gezien |

*zoeken* (suchen)

| | | |
|---|---|---|
| ik zoek | ik zocht | ik heb gezocht |
| | wij zochten | wij hebben gezocht |
| | | ik ben gezocht |
| | | wij zijn gezocht |

**Enige samengestelde zwakke en sterke werkwoorden**

| Tegenw. tijd | Imperfekt | Perfekt |
|---|---|---|
| *aanbevelen* (empfehlen) | | |
| ik beveel aan | ik beval aan | ik heb aanbevolen |
| wij bevelen aan | wij bevalen aan | wij hebben aanbevolen |
| | | ik *ben* aanbevolen |
| | | wij *zijn* aanbevolen |
| *afdrogen* (abtrocknen) | | |
| ik droog af | ik droogde af | ik heb afgedroogd |
| wij drogen af | wij droogden af | wij hebben afgedroogd |
| *binnenkomen* (hineinkommen) | | |
| ik kom binnen | ik kwam binnen | ik ben binnengekomen |
| wij komen binnen | wij kwamen binnen | wij zijn binnengekomen |
| *houden van* (lieben/gerne mögen) | | |
| ik hou(d) van | ik hield van | ik heb van ... gehouden |
| wij houden van | wij hielden van | wij hebben van ... gehouden |
| *laten vallen* (fallen lassen) | | |
| ik laat vallen | ik liet vallen | ik heb laten vallen |
| wij laten vallen | wij lieten vallen | wij hebben laten vallen |

*meebrengen* (mitbringen)

| | | |
|---|---|---|
| ik breng mee | ik bracht mee | ik heb meegebracht |
| wij brengen mee | wij brachten mee | wij hebben meegebracht |

*meedelen* (mitteilen)

| | | |
|---|---|---|
| ik deel mee | ik deelde mee | ik heb meegedeeld |
| wij delen mee | wij deelden mee | wij hebben meegedeeld |

Ook:

*mededelen* (mitteilen)

| | | |
|---|---|---|
| ik deel mede | ik deelde mede | ik heb medegedeeld |
| wij delen mede | wij deelden mede | wij hebben medegedeeld |

*naar bed gaan* (zu Bett gehen)

| | | |
|---|---|---|
| ik ga naar bed | ik ging naar bed | ik ben naar bed gegaan |
| wij gaan naar bed | wij gingen naar bed | wij zijn naar bed gegaan |

*neerleggen* (hinlegen/niederlegen)

| | | |
|---|---|---|
| ik leg neer | ik legde neer | ik heb neergelegd |
| wij leggen neer | wij legden neer | wij hebben neergelegd |

*neerzetten* (hinstellen)

| | | |
|---|---|---|
| ik zet neer | ik zette neer | ik heb neergezet |
| wij zetten neer | wij zetten neer | wij hebben neergezet |

*opbellen* (anrufen)

| | | |
|---|---|---|
| ik bel op | ik belde op | ik heb opgebeld |
| wij bellen op | wij belden op | wij hebben opgebeld |

*opendoen* (aufmachen)

| | | |
|---|---|---|
| ik doe open | ik deed open | ik heb opengedaan |
| wij doen open | wij deden open | wij hebben opengedaan |

*opeten* (aufessen)

| | | |
|---|---|---|
| ik eet op | ik at op | ik heb opgegeten |
| wij eten op | wij aten op | wij hebben opgegeten |

*opschrijven* (aufschreiben)

| | | |
|---|---|---|
| ik schrijf op | ik schreef op | ik heb opgeschreven |
| wij schrijven op | wij schreven op | wij hebben opgeschreven |

*opstaan* (aufstehen)

| | | |
|---|---|---|
| ik sta op | ik stond op | ik ben opgestaan |
| wij staan op | wij stonden op | wij zijn opgestaan |

*opzeggen* (tekst) (aufsagen/rezitieren)

| | | |
|---|---|---|
| ik zeg op | ik zei op | ik heb opgezegd |
| wij zeggen op | wij zeiden op | wij hebben opgezegd |

*opzeggen* (contract) (kündigen)

| | | |
|---|---|---|
| ik zeg op | ik zegde op | ik heb opgezegd |
| wij zeggen op | wij zegden op | wij hebben opgezegd |

*oversteken* (überqueren)

| | | |
|---|---|---|
| ik steek over | ik stak over | ik ben overgestoken |
| wij steken over | wij staken over | wij zijn overgestoken |
| | | ik *heb* overgestoken |
| | | wij *hebben* overgestoken |

*uitgeven* (ausgeben/herausgeben/verlegen)

| | | |
|---|---|---|
| ik geef uit | ik gaf uit | ik heb uitgegeven |
| wij geven uit | wij gaven uit | wij hebben uitgegeven |

*uitglijden* (ausrutschen/ausgleiten)

| | | |
|---|---|---|
| ik glij(d) uit | ik gleed uit | ik ben uitgegleden |
| wij glijden uit | wij gleden uit | wij zijn uitgegleden |

*uitleggen* (auslegen/erklären)

| | | |
|---|---|---|
| ik leg uit | ik legde uit | ik heb uitgelegd |
| wij leggen uit | wij legden uit | wij hebben uitgelegd |

*vasthouden* (festhalten)

| | | |
|---|---|---|
| ik hou(d) vast | ik hield vast | ik heb vastgehouden |
| wij houden vast | wij hielden vast | wij hebben vastgehouden |

*weggaan* (weggehen)

| | | |
|---|---|---|
| ik ga weg | ik ging weg | ik ben weggegaan |
| wij gaan weg | wij gingen weg | wij zijn weggegaan |

*wegnemen* (wegnehmen)

| | | |
|---|---|---|
| ik neem weg | ik nam weg | ik heb weggenomen |
| wij nemen weg | wij namen weg | wij hebben weggenomen |

*zitten gaan* (sich setzen)

| | | |
|---|---|---|
| ik ga zitten | ik ging zitten | ik ben gaan zitten |
| wij gaan zitten | wij gingen zitten | wij zijn gaan zitten |

Veere (Zld) Jachthaven

# DEEL II

# Brieven schrijven

1. *Interpunctie*

    Dat men in het Nederlands kortere zinnen maakt als bijvoorbeeld in het Duits, hebben we natuurlijk reeds vastgesteld. Korte zinnen maken de inhoud duidelijker dan lange zinnen.

    Ook met het plaatsen van leestekens (de interpunctie) is men in de Nederlandse taal spaarzamer. Slechts daar waar ze onontbeerlijk zijn worden ze gebruikt.

    Zo bijvoorbeeld *de punt* aan het einde van een zin.

    *De komma* moet slechts dan worden gebruikt als het weglaten misverstand kan veroorzaken.

    *De puntkomma* wordt gebruikt om één zin in twee delen te splitsen, terwijl de inhoud één geheel vormt.
    Meestal echter kan men (beter) twee korte zinnen maken, hetgeen de duidelijkheid ten goede komt.

2. *Het koppelteken* (-) wordt gebruikt wanneer aan het einde van een regel een woord moet worden afgebroken.
    Bovendien wanneer twee delen van een woord samen één woord vormen.
    Zo bijvoorbeeld in: Zuid-Amerika, Noord-Afrika, Havo-leerling, chemie-student.
    Maar vooral wanneer twee klinkers op elkaar volgen, als in: zonne-energie, radio-apparaat.
    Bovendien in samenhang met een getal: het 25-jarig jubileum, het 100-jarig bestaan van een onderneming, enzovoort.

3. Ook in zakenbrieven mag men *u* (klein) zowel als *U* (groot) schrijven. Maar dan wel consequent volhouden en dus ook *uw*, resp. *Uw* gebruiken.

4. Wordt een brief uit het buitenland naar Nederland verzonden, dan schrijft men vóór de naam van de stad: *NL* en *niet* àchter de naam van de stad *Nederland* en nog minder *Holland!*
    De letters *NL*, die overeenkomen met het nationaliteitskenteken voor auto's, gelden ook officieel in het postverkeer met Nederland.

    Dus: NL-Groningen, of: NL-Den Haag, of: NL-Amsterdam, enz.

5. Het slot van een brief kan eindigen met hoogachtend, indien de laatste zin met een komma eindigt.
   Wanneer de zin met een punt wordt beëindigd, dan schrijft men *Hoogachtend*, (dus met een hoofdletter).
   De zin: *Met de meeste hoogachting*, wordt aan het einde van een brief steeds minder gebruikt, doch kan dit aan de briefschrijver worden overgelaten, wanneer men bijzondere achting tot uitdrukking wil brengen.

6. Zendt men bij een brief *bijlagen*, dan wordt dit links onderaan de brief vermeld. Bijvoorbeeld zo:

   *Bijlage: 1 fotokopie*

   Of:

   *Bijlagen: 4*

7. Bij *zaken- en sollicitatiebrieven* schrijft men onder de aanhef bijvoorbeeld:

   *Betreft:* Uw brief dd. 23 augustus jl.

   of:

   *Betreft:* Uw bestelling van 17 januari 19 . .

8. *De aanhef van een brief.*
   Zaken- en sollicitatiebrieven aan een onderneming met:

   *Mijne Heren,* (indien men U en Uw óók groot schrijft);

   of:

   *Mijne heren,* (maar dan moeten *u* en *uw* óók klein worden geschreven). Als gevolg van de emancipatie kan een zaken- of sollicitatiebrief ook beginnen met *Dames en Heren.*

9. Wil men in zaken- of sollicitatiebrieven een betreffende persoon direkt schrijven, dan luidt de adressering bijvoorbeeld:

   Autohandel Merkuur bv,
   t.a.v. de heer P. Schraver,
         procuratiehouder,
   Postbus 2975
   Breda

In dit geval vangt men de brief aan met:
Mijnheer,

of, indien men de heer Schraver kent, met:

Geachte Heer, / Geachte heer, (naar keuze)

of:

Geachte Heer Schraver, / Geachte heer Schraver, (naar keuze).

Hierbij moet worden opgemerkt, dat men *heer* dus ook klein kan schrijven.
De aanhef *Mijnheer* stamt van Mijn Heer. In *gesproken* taal wordt dit – zoals we reeds weten – *Meneer.*

10. *Afkortingen:* Gebruik zo weinig mogelijk afkortingen. Dat maakt een brief duidelijker. Zeker in de adressering moet men geen afkortingen gebruiken, tenzij bij een firma (Fa.). Maar voorkeur verdient te schrijven: Firma Bruynzeel inplaats van Fa. Bruynzeel. En nooit dhr. P. Jansen maar: De heer P. Jansen!

11. Het verdient aanbeveling zoveel mogelijk de *imperfekt*vorm te gebruiken wanneer een tijd wordt genoemd (bijvoorbeeld: gisteren of dd.). Zo: Gisteren ontvingen wij het bericht dat . . . In andere gevallen kan de *perfekt*vorm voorkeur verdienen.

12. Schrijf nooit bijvoorbeeld:
Firma Neerlandia bv
of
Firma Chemiefarma N.V.
Een beperkte vennootschap (bv) of een Naamloze Vennootschap (N.V.) zijn géén firma en daarom ook niet als zodanig in het Handelsregister van de (Nederlandse) Kamer of Koophandel en Fabrieken ingeschreven. Een onderneming kan òf een bv, òf een N.V., òf een firma zijn. Maar niet beide.

13. *Sollicitatiebrieven:* Wat voor zakenbrieven geldt, is ook van toepassing op sollicitatiebrieven.

## A. Sollicitatiebrieven

Sollicitatiebrieven dienen kort en zakelijk te zijn, doch natuurlijk wel de essentiële dingen te bevatten die men wil meedelen.

Wat een sollicitatiebrief in elk geval moet bevatten zijn:

1e. de naam en de datum van de krant waarin men de advertentie heeft gelezen;
2e. volledige naam en voornaam (voornamen);
3e. het adres van de sollicitant;
4e. leeftijd;
5e. opleiding (afschriften of fotokopieën van diploma's bijvoegen);
6e. staat van dienst (d.w.z. in welke funktie(s) men tot nu toe heeft gewerkt);
7e. referenties indien deze gevraagd worden, vooropgesteld dat de referenten (vorige werkgevers bijvoorbeeld) daarmee instemmen;
8e. als bijlagen: afschriften of fotokopieën van diploma's, getuigschriften, enz. Vooral geen originele bijsluiten!

Met de bovenstaande gegevens schrijft men op een advertentie. Hier volgt een voorbeeld van een advertentie en daarna een voorbeeld van een sollicitatiebrief. Natuurlijk verdient het aanbeveling hiervan af te wijken, mits men de eigen persoonlijkheidt tot uitdrukking laat komen.

 Troskompas
Basisweg 30
Amsterdam-Sloterdijk

Ter versterking van het secretariaat zoeken wij een zelfstandige

**correspondente Nederlands**
(tevens typiste)
die in een jong team wil werken.

(De Volkskrant, 23 mei 1977)

Mej. L. de Vries
Bosbeeklaan 88
Apeldoorn

Apeldoorn, 24 mei 19 . .

Troskompas,
Basisweg 30,
Amsterdam-Sloterdijk

Dames en Heren,

*Betreft:* uw advertentie in De Volkskrant dd. 23 mei jl.

Voor de vakature correspondente Nederlands op uw secretariaat heb ik veel belangstelling.
Mijn naam is Leny de Vries; ik ben 22 jaar en ongehuwd.

Na het diploma MAVO-school te hebben behaald, volgde ik bij het Instituut Schoevers een kursus handelscorrespondentie en typen.
Sinds bijna drie jaren ben ik als correspondente Nederlands werkzaam bij de Neerlandia bv te Apeldoorn, doch heb er te weinig vooruitzichten op promotie.

Ik ben gewend zelfstandig te werken. Bovendien trekt het mij aan in een jong team te kunnen werken.

Fotokopieën van mijn MAVO-diploma en van het Instituut Schoevers, beide met cijferlijsten, sluit ik hierbij in.

Ik hoop een uitnodiging te mogen ontvangen om deze sollicitatie mondeling toe te lichten.

Hoogachtend,
(handtekening)
Mej. L. de Vries

Bijlagen: 2 fotokopieën

*Hier volgt een tweede voorbeeld:*

## EUROSURVEY B.V.
### PARIJS - BRUSSEL - AMSTERDAM - LONDEN - WIESBADEN

Ons bureau adviseert — vaak in samenwerking met onze buitenlandse vestigingen — ondernemingen bij de vervulling van leidinggevende functies.

In Nederland werkt Eurosurvey met een succesvol team van 11 mensen.

Binnen dit team hebben wij behoefte aan een ervaren

## SECRETARESSE

die met tact en toewijding de gebruikelijke secretaressewerkzaamheden kan uitvoeren.

Wij denken aan een jonge vrouw, vanaf 23 jaar, die een middelbare schoolopleiding heeft gevolgd en een zeer goede beheersing heeft van het Nederlands en Engels.

Hiertegenover bieden wij een uitstekende honorering en een prettige, zelfstandige werkkring.

Mocht u meer informaties willen inwinnen, respectievelijk een afspraak maken, belt u dan Mejuffrouw J. S. P de Mik.

**Eurosurvey B.V., Jan Luijkenstraat 100, Amsterdam-Zuid, telefoon 020-764352.**

(Het Parool, 16 augustus 1977)

Naar aanleiding van deze advertentie, schrijft Fräulein Schmidt uit Wuppertal de volgende sollicitatiebrief:

Frl. Monika Schmidt
Steinweg 159
D-5600 Wuppertal 2

Wuppertal, 18 augustus 19 . .


Eurosurvey B. V.,
Jan Luijkenstraat 100,
NL-Amsterdam-Zuid

Mijne Heren,

*Betreft:* Uw advertentie in Het Parool van 16 dezer.

Na telefonische informaties te hebben ontvangen van mej. De Mik, solliciteer ik thans naar de betrekking van secretaresse bij Uw onderneming. Mijn naam is Monika Schmidt. Ik ben 24 jaar en sinds twee jaren werkzaam als secretaresse van de direktie van een Nederlands-Duitse exportfirma in Wuppertal.
Ik heb de Duitse nationaliteit, doch beheers het Nederlands en bovendien de Engelse taal volledig.
Na de Realschule in mijn woonplaats te hebben afgelopen, volgde ik een kursus voor secretaresse. Bovendien heb ik VHS-certificaat Engels van de Volkshochschule. Aan deze volkshogeschool in Wuppertal heb ik ook in vier semesters Nederlands geleerd. Ik heb ook kennis van het Frans.
Mijn tegenwoordige werkkring bevalt mij goed en mijn direkteur is tevreden. Doch mijn verloofde is Nederlander en woont in Amsterdam. Dat is de reden waarom ik graag naar Nederland wil verhuizen.
Bovendien ben ik er zeker van dat de werkzaamheden als secretaresse op Uw internationaal georiënteerd bureau geheel in mijn lijn liggen.

In mijn tegenwoordige funktie ben ik gewend zelfstandig te werken en verantwoordelijkheid te dragen. Ik geloof dan ook dat ik in Uw team goed zal passen.
Afschriften van mijn diploma's zend ik U hierbij en ik hoop een uitnodiging voor een gesprek te mogen ontvangen.

Met de meeste hoogachting,

(handtekening)

Monika Schmidt




Bijlagen: 4 afschriften



*Opgaven*

**Schrijf nu sollicitatiebrieven naar aanleiding van de volgende 3 advertenties. De docent zal deze brieven, waar nodig, corrigeren en ze daarna klassikaal behandelen.**

## Ziekenhuis Zonnegloren

Wij zoeken
## VERPLEEGKUNDIGEN
voor de navolgende afdelingen.
- neurologie
- intern
- chirurgie
- kraam/gynaecologie.

De grootte van de afdelingen varieert van 20-30 bedden
Met gemaakte vakantieafspraken zal rekening gehouden worden

Sollicitaties en/of verzoeken om inlichtingen kan men richten tot de verpleegkundig directrice Zr. I. J. Claus.

SOESTERBERGSESTR 125 SOEST TELEFOON: 02155-19144

(De Telegraaf van 24 mei 1977)

## ELGEO B.V.
groothandel in modieuze damesstoffen vraagt voor haar INKOOP-AFDELING

### JEUGDIG ADM. MEDEWERK(ST)ER
bij voorkeur met enige ervaring op administratief gebied en typevaardigheid.

EN EEN
### TELEXIST(E)/STENOTYPISTE(E)
(eventueel voor halve dagen)
Zo mogelijk met enige kennis van Duits en Engels

**Geboden wordt:**
Goed salaris en uitstekende arbeidsvoorwaarden, met vakantie-afspraken wordt rekening gehouden.

Sollicitaties te richten aan:
ELGEO B.V., Kloveniersburgwal 101 te Amsterdam. Telef. 020-240082.

(Het Parool van 26 april 1977)

**DISCOUNT BANK (OVERSEAS) LTD.,**
Weteringschans 79 A, Amsterdam, tel. 237682,

vraagt

# ASSISTENT-BOEKHOUDER

Vereist:
    Praktijkdiploma boekhouden
    Ervaring in het bankvak strekt tot aanbeveling.

Sollicitaties met volledige gegevens omtrent opleiding en ervaring binnen 14 dagen a.u.b. zenden aan de afdeling Personeelszaken.

(NRC/Handelsblad van 3 mei 1977)

## B. Persoonlijke brieven

Het karakter van persoonlijke brieven in de Nederlandse taal, wijkt niet af van een goede persoonlijke brief in het Duits. Vier voorbeelden hiervan vinden we terug in de lessen 1 A-4 A.
Aanwijzingen omtrent de aanhef zijn daarbij ook reeds gegeven.

*Opgave 1*

Schrijf een brief aan een goede vriend of vriendin die overmorgen jarig is. U heeft elkaar in lange tijd niet gezien, maar de vriendschapsband van jaren is toch altijd gebleven. Wat schrijft u?

*Opgave 2*

Een echtpaar behoort tot uw oude kennissen, doch woont sinds enige jaren in een andere stad. Zij hebben intussen twee kleine kinderen. U zou hen graag weer eens zien. Wat schrijft u aan deze kennissen?

*Opgave 3*

Een jongeman vindt de dochter van een kennis van zijn ouders heel aardig. Hij zou graag nader met haar kennismaken, nadat hij haar enige tijd geleden op een feestje heeft gezien. Hij besluit de jongedame te schrijven.
Wat schrijft hij haar?

## C. Zakenbrieven

Kleermaker Snijderman heeft enige tijd geleden voor de heer De Boer een costuum gemaakt. Hij heeft hem ook een rekening gestuurd, maar de heer De Boer heeft nog steeds niet betaald. De heer Snijderman besluit aan de heer De Boer de volgende brief te schrijven:

J. SNIJDERMAN
Kleermaker
Steenstraat 24
Winterswijk

Winterswijk, 14 april 19..

De Heer P. M. de Boer,
Van Oldenhovenlaan 123,
<u>Winterswijk</u>

Geachte Heer De Boer,

in het begin van januari van dit jaar heb ik U een costuum geleverd, waarvoor ik U op 1 februari jl. een rekening van f 355,— heb gestuurd.
Misschien is deze rekening door tijdgebrek bij U blijven liggen of is vergeten deze te voldoen.
Ik zou het zeer op prijs stellen indien U zo vriendelijk wilt zijn bovengenoemd bedrag een dezer dagen op mijn postrekening 246793 over te maken.
U bij voorbaat dankend, verblijf ik met de meeste hoogachting,

(handtekening)

J. Snijderman

Na vier weken wachten zonder het geld te hebben ontvangen, schrijft de heer Snijderman een tweede brief:

Winterswijk, 15 mei 19..

Geachte Heer,

onder verwijzing naar mijn brief van 14 april jl. verzoek ik U vriendelijk het verschuldigde bedraag ad f 355,— voor het door mij geleverde costuum op mijn postrekening te willen storten.
Waarschijnlijk is de overschrijving door drukke werkzaamheden achterwege gebleven, doch ik hoop dat U het bedrag spoedig wilt overmaken.
Bij voorbaat dank.

Hoogachtend

(handtekening)

J. Snijderman

Na twee weken heeft de heer Snijderman het geld nog steeds niet ontvangen. Nu besluit hij tot het schrijven van de volgende brief:

Winterswijk, 1 juni 19..

Mijnheer,

in mijn boeken staat nog steeds een post van f 355,— open voor een aan U begin januari jl. geleverd costuum.
Met mijn brieven van resp. 14 april en 15 mei jl. heb ik U verzocht dit bedrag op mijn postrekening 246793 over te maken, doch tot dusver heeft U daarop niet gereageerd.
Ik verzoek U thans genoemd bedrag vóór 15 juni a.s. te betalen, daar ik mij anders genoodzaakt zie de rekening in handen van een incassobureau te geven. Mijns inziens heb ik nu lang genoeg gewacht, zonder dat U de moeite heeft genomen mij zelfs te schrijven.
Er op vertrouwend Uw remise voor de genoemde datum te mogen ontvangen, verblijf ik

hoogachtend,
(handtekening)
J. Snijderman

Men ziet dat de toon van deze brieven steeds koeler wordt en in de derde brief wordt zelfs de dreiging uitgesproken de zaak in handen van een incassobureau te geven waardoor de heer De Boer natuurlijk ook de extra kosten moet betalen.

*Opgave:*

De heer De Boer betaalt niet vóór 15. juni. Maar hij schrijft wel een brief. Hoe luidt de inhoud van die brief?

---

**AANGEBODEN**

gemeubileerde zit-slaapkamer met keuken en bad, in centrum van Amsterdam. Prijs f 200,— per maand.
Brieven a.u.b. zenden aan mevr. T. Vlietstra-Jansen, Prinsengracht 977, Amsterdam (C.).

---

Juffrouw Van Rijn schrijft op deze advertentie als volgt:

131

Mej. A. van Rijn,
Boslaan 15,
Doetinchem                                          Doetinchem, 25 april 19 . .

Geachte Mevrouw,

        per 1 juni begin ik in Amsterdam een nieuwe werkkring als typiste. Daarom zoek ik een gemeubileerde kamer. Graag zou ik de kamer bij U komen zien en misschien kan ik haar dan meteen huren. Maandag a.s. moet ik in elk geval in Amsterdam zijn en ik wil dan bij U langs komen.
Wilt U mij even berichten of mijn bezoek U 's morgens om 11 uur schikt? Bij voorbaat dank.

                                    Hoogachtend,
                                    (handtekening)

                                    Mej. A. van Rijn


*Mevrouw Vlietstra antwoordt haar omgaand met de volgende brief:*


Mevr. T. Vlietstra-Jansen
Prinsengracht 977,
Amsterdam (C.)                                        Amsterdam, 26 april 19 . .

Geachte Mejuffrouw Van Rijn,

        maandagmorgen ben ik thuis en ik zal U dan graag omstreeks 11 uur verwachten en U de gemeubileerde kamer laten zien.

                                    Hoogachtend,
                                    (handtekening)
                                  T. Vlietstra-Jansen


*Opgave:*

Schrijf nu zelf een brief n.a.v. advertentie van mevrouw Vlietstra, waarin u uw eigen, bijzondere wensen met betrekking tot de aangeboden kamer uiteenzet.

## D. Gelegenheidsbrieven

> Geboren:
> **DIRK JOHANNES**
> zoon van
> F. K. IJsselstein en
> C. J. IJsselstein
> Van den Heuvel
> Waalre, 23 augustus
> Bosweg 38

Met deze annonce maken de heer en mevrouw IJsselstein de geboorte van een zoon bekend.
Hierop reageren vroegere buren van het echtpaar IJsselstein, de heer en mevrouw Wijsman, met de volgende brief:

Rotterdam, 25 augustus 19..

Geachte heer en mevrouw IJsselstein,

    het is ons een genoegen u van harte geluk te wensen met de geboorte van uw zoon Dirk Johannes.
De vreugde van u beiden is ongetwijfeld groot en wij kunnen ons voorstellen dat de komst van een stamhouder bijzonder welkom is.
Dikwijls spreken mijn man en ik over de gezellige tijd toen wij buren waren. Wij hopen dat u zich in Waalre intussen thuis voelt und wensen de kleine Dirk een zonnige jeugd en een goede toekomst tezamen met zijn gelukkige ouders.
Met hartelijke groeten, ook van mijn man,

(handtekening)<br>D. Wijsman-Bergsma

*Opgave:*

Schrijf een brief waarin een vriendin van mevrouw IJsselstein feliciteert.

In de krant stond de volgende overlijdensadvertentie:

> Tot onze diepe droefheid overleed, na een kortstondige ziekte, mijn lieve, zorgzame man en onze dierbare vader
>
> **WILLEM HENDRIK SCHROUWEN**
>
> in de leeftijd van 65 jaar.
>
> Hilversum: N. C. Schrouwen-Brinkman
> Wim en Annie
>
> Hilversum, 27 mei 19 . .
> Naarderweg 48
>
> De crematie zal plaatsvinden op 2 juni a.s. om 12.00 uur in het crematorium „Westgaarde", Ookmeerweg 275 te Amsterdam-Osdorp.
> Na afloop is er gelegenheid tot condoleren.

Hierop schreef een collega van de overledene de volgende brief aan de weduwe Schrouwen:

*Hilversum, 29 mei 19 . .*

*Zeer geachte Mevrouw Schrouwen,*

*diep getroffen las ik in de krant het plotseling overlijden van Uw echtgenoot.*
*Hoj moet slechts kort ziek zijn geweest, want wij hebben elkaar enige weken geleden nog gesproken en hij maakte toen een vitale en gezonde indruk.*
*Van harte condoleer ik U met dit verlies en ik wens U en Uw kinderen kracht toe om dit verscheiden te dragen.*
*Ik zal U man steeds in goede herinnering behouden.*
*Met beleefde groet en gevoelens van de meeste hoogachting,*

*J. M de Bruin*

Ook de direktie maakte d.m.v. een advertentie melding van het overlijden:

> Zeer tot ons leedwezen overleed op 27 mei jl., slechts 7 maanden na het bereiken van de pensioengerechtigde leeftijd, onze adjinkt-direkteur, de heer
>
> W. H. SCHROUWEN
>
> Als een van de pioniers van onze onderneming was hij met zijn scherp inzicht, zijn wilskracht en energie, de grote inspirator, waaraan wij veel dank verschuldigd zijn.
> Wij zullen hem in ere blijven gedenken.
>
> N. V. Amstelstroom<br>Direktie en personeel

Bovendien schreef de direkteur een condoleantiebrief aan mevrouw Schrouwen.

*Opgave 1:*

Schrijf een condoleantiebrief van de direktie aan de weduwe.

*Opgave 2:*

Een vriendin van mevrouw Schrouwen schrijft ook een brief.
Hoe zou haar brief luiden?

> UITNODIGING
>
> De heer en mevrouw Schoonhoven-Van Vollenhoven hebben de eer
>
> *de heer en mevrouw mr. dr. P. C. Hogenboom-Vlietstra*
>
> uit te nodigen tot bijwoning van een receptie welke zij t.g.v. hun 25-jarig huwelijk zullen geven op zaterdag 24 februari a.s. van 15-17 uur in het Amstel Hotel te Amsterdam.

*Opgave:*

De heer en mevrouw Hogenboom zijn echter op 24 februari met vakantie en kunnen dus niet komen.
Wat schrijft de heer Hogenboom mede namens zijn vrouw?

> GERDA BRUINSMA en PIETER HOFSTRA
> geven kennis van hun
> verloving
>
> Receptie: zondag 23 maart a.s. van 14-16 uur ten huize van de familie Bruinsma, Brouwersgracht 328, Amsterdam.

*Opgave:*

U gaat misschien zelf naar de receptie van uw vrienden. U stuurt misschien bloemen.
Maar wat zou u uw vrienden *schrijfen?*

> GERDA BRUINSMA
> en
> PIETER HOFSTRA
>
> geven kennis van hun voorgenomen huwelijk op donderdag 25 november a.s. om 11 uur in het stadhuis te Amsterdam.
>
> Receptie van 15-17 uur in Hotel Krasnapolski te Amsterdam.

*Opgave:*

U bent verhinderd naar de receptie te gaan. U stuurt natuurlijk bloemen en bovendien een brief aan uw vrienden.
Wat schrijft u?

# DEEL III

## De geschiedenis van het Koninkrijk der Nederlanden

Na de ondergang van het West-Romeinse rijk en de korte tijd van rust onder Karel de Grote, werd West-Europa gekenmerkt door oorlogen en onrust.
De Nederlanden vormden een verdeeld gebied waarin kleine en grote heersers (graven en hertogen) om vergroting van hun gebied streden. Zo regeerden in Holland de graaf, in Brabant en Gelre de hertogen en in Utrecht, Overijssel en Drente de bisschop.
Brabant – een familiebezit – werd het centrum van de macht der Bourgondiërs buiten Frankrijk.
Naar het Romeinse voorbeeld streefden zij er naar het bestuur van hun „lage landen bij de zee" – „pays d'en bas" – te centraliseren. In elk gewest werden zogenaamde staten" benoemd die de verantwoordelijkheid droegen voor de financiën. De controle hierop werd in handen gelegd van een „Rekenkamer" – naar Frans voorbeeld.
Ook thans, in de 20e eeuw, spreekt men van de „provinciale staten" die het bestuur van een provincie uitoefenen. Het verschil is echter dat de leden van deze provinciale staten niet meer uit de rijke adel, de geestelijkheid en de voorname burgerstand voortkomen, doch gekozen worden door de burgers der betreffende provincie.
En inplaats van een „stadhouder" (welke funktie dateert uit de tijd van Karel V) als vertegenwoordiger van de koning, staat nu een „commissaris van de koning", resp. een „commissaris der koningin" aan het hoofd van elk provincial bestuur.
Maar ook het instituut van een onafhankelijke, thans landelijke, „Rekenkamer" bestaat nog.
De „Generale Staten" (eveneens uit de tijd van Karel V) bestonden uit vertegenwoordigers van de gewestelijke staten.
Thans noemen we de democratisch door het Nederlandse volk gekozen Tweede- en Eerste Kamer tezamen nog steeds de „Staten-Generaal" – het parlement.

Tegen het einde der middeleeuwen vormden de Noordelijke Nederlanden een eenheid met de Zuidelijke Nederlanden.
De zoon van Karel V, Philips II, werd koning van Spanje en „erfde" de Nederlanden. Toen Philips het Rooms-Katholieke geloof in de Nederlanden voorschreef, verzette zich het Calvinistische Noorden. Tachtig jaren duurde dit verzet der Nederlanden tegen Spanje, namelijk van 1568 tot 1648.
In deze tachtigjarige oorlog heeft Graaf Willem van Nassau, Prins van Oranje, een belangrijke rol gespeeld.

Graaf Willem (Wilhelm), in 1533 te Dillenburg a. d. Dill geboren, had door erving niet alleen het prinsdom Orange in Frankrijk verkregen, doch had ook in de Nederlanden bezittingen. De Staten van Holland en Zeeland erkennen hem als stadhouder en hij voerde de Nederlanden aan in de oorlog tegen Spanje.

In 1572 vond in Dordrecht de eerste vrije Statenvergadering plaats en proklameerde Willem de godsdienstvrijheid in den Nederlanden.

In 1579 kwam op initiatief van Willem van Oranje de Unie van Utrecht tot stand, een verbond van de Noordeljike Nederlanden om zich gezamenlijk tegen de Spaanse overheersing te verzetten. Toch kwam eerst in 1648 bij de Vrede van Munster een einde aan de tachtigjarige oorlog en werd de Republiek der Verenigde Nederlanden een souvereine mogendheid.

Toen de Fransen in 1795 de Nederlanden binnenkwamen, werd een einde gemaakt aan de republiek der Noordelijke Nederlanden.

Na het einde van de Franse tijd werd in 1815 het Koninkrijk der Nederlanden uitgeroepen dat, ingevolge de wens van het Weens Congres, ook de Zuidelijke Nederlanden omvatte. De koningen Willem I, Willem II en Willem III (nakomelingen van Willem van Oranje) waren tevens groothertog van Luxemburg.

Het Zuiden scheidde zich echter in 1830 af en vormde het Koninkrijk België en het Groothertogdom Luxemburg.

De oorzaak van deze afscheiding lag hoofdzakelijk in het verschil in mentaliteit en bovenal in godsdienst. Het Noorden was overwegend Calvinistisch, het Zuiden Rooms-Katholiek.

In 1848 kreeg Nederland een nieuwe grondwet, waarin het parlement grotere bevoegdheden kreeg, de koning „onschendbaar" en de ministers „verantwoordelijk" werden verklaard. Daarmee was tevens de grondsteen gelegd voor de constitutionele monarchie binnen een parlementaire democratie.

Tijdens de regering van Koning Willem III stierven niet alleen zijn vier zonen, doch ook zijn vrouw Sophie (von Württemberg). Daarmee dreigde de erfopvolging der Oranjes een einde te nemen.

In 1879 trouwde Willem III opnieuw, nu met de 21-jarige prinses Emma von Waldeck Pyrmont. Uit dit huwelijk werd een dochter geboren: Wilhelmina. Zij trouwde in 1901 met Heinrich, hertog von Mecklenburg-Schwerin, die Prins Hendrik der Nederlanden werd.

Wilhelmina schonk in 1909 het leven aan een dochter, Juliana, die in 1937 trouwde met Prins Bernhard zur Lippe-Bisterfeld.

In 1948, na vijftig jaren te hebben geregeerd, deed Wilhelmina afstand van de troon ten gunste van haar dochter Juliana.

Uit het huwelijk van Koningin Juliana en Prins Bernhard werden vier dochters geboren. De oudste, Kroonprinses Beatrix, trouwde in 1966 met Claus von Amsberg, die, evenals Prins Bernhard, de titel Prins der Nederlanden voert,
Sinds 1980 is Beatrix Koningin der Nederlanden en voert haar moeder weer de titel prinses.
De drie zonen uit dit huwelijk maken het mogelijk dat het Huis van Oranje in mannelijke linie zal worden voortgezet.

### Iets over politiek en staatkunde in Nederland

In Nederland bestaan meer dan 50 politieke partijen, waarvan er ca. 15 in het parlement zijn vertegenwoordigd. Er zijn fracties van 1 of 2 personen bij!
Door die veelheid van partijen is het geen enkele partij mogelijk alleen een regering te vormen. Een coalitie met een of meer partijen is altijd noodzakelijk.
De drie grootste partijen zijn de Partij van de Arbeid (PvdA) (sociaal-democratisch), het Christen Demokratisch Appèl (CDA) (christen-democratisch) en de Volkspartij voor Vrijheid en Democratie (VVD) (liberaal).

Het parlement bestaat uit de Tweede Kamer (150 leden) en de Eerste Kamer (75 leden), die tezamen de Staten-Generaal worden genoemd. De leden van de Tweede Kamer worden elke vier jaren gekozen.
Kiesgerechtigd is iedere meerderjarige Nederlander die in Nederland woont of in het buitenland in Nederlandse overheidsdienst werkt.
Meerderjarig is men bij het bereiken van de 18-jarige leeftijd.

De Eerste Kamer wordt gekozen door de Provinciale Staten. Deze provinciale parlementen worden door de bevolking van de provincies gekozen. De leden kiezen uit hun midden het College van Gedeputeerde Staten (de provinciale regering).

Op dezelfde wijze zijn ook de plaatselijke gemeenteraden samengesteld. De bevolking van een stad of dorp kiest elke vier jaar de leden van de gemeenteraad, die uit hun midden zogenaamde wethouders kiezen.

Hoofd van een gemeente is de burgemeester die niet wordt gekozen, doch voor een ambtstermijn van telkens 6 jaren door de koningin wordt benoemd op voordracht van de minister van Binnenlandse Zaken.

**Iets over Nederland**

Nederland is ruim 41.000 vierkante kilometer groot en telt ruim 14 miljoen inwoners. Het behoort dan ook tot een der dichtstbevolkte landen ter wereld (bijna 400 inwoners per kilometer). Meer dan de helft van Nederland ligt onder de zeespiegel. Daarvan komt ook de naam: Neder-land – laag liggend land.
Nederland is bovendien een waterland, d.w.z. rijk aan water. Vijftien procent van de totale oppervlakte bestaat uit water: grote en kleine rivieren, kanalen, sloten en meren.
Het land was altijd overwegend agrarisch, doch vooral na de tweede wereldoorlog is de industrialisatie enorm toegenomen. Slechts 7 pct. der bevolking werkt nog in de landbouw en de visserij.
Het grondgebied wordt uitgebreid door het aanleggen van polders in het IJsselmeer – de vroegere Zuiderzee, die tot het jaar 1932 een open verbinding had met de Noordzee. De toen gebouwde Afsluitdijk die de provincies Friesland en Noord-Holland verbindt, heeft de inpoldering van een groot deel van het meer mogelijk gemaakt en het zoude water is zoet water geworden.

De Nederlanders zijn wel vertrouwd met het water, dat een goede vriend maar tevens een beangstigende vijand is. Dat bleek o.a. in 1953 toen de dijken in de provincies Zeeland en Zuid-Holland door en stormvloed bezweken. Beide provincies werden voor een groot deel door het water overstroomd en circa 2000 mensen kwamen daarbij om het leven.
Nederlandse waterbouwkundigen, die een goede naam in de wereld hebben, ontwierpen het zgn. Deltaplan dat Nederland in de toekomst tegen herhalingen van stormrampen als die in 1953 moet beschermen. Zo werden zeearmen van de Noordzee afgesloten en vele andere waterbouwkundige werken uitgevoerd. Een ander aspect van de Deltawerken is dat er in Nederland meer recreatiegebieden zijn ontstaan, o.a. in Zeeland.
Door de ligging aan open zee zijn havens ontstaan in Amsterdam en – de grootste ter wereld – in Rotterdam. Deze havens hebben van Nederland ook een belangrijk im- en exportland gemaakt, terwijl de havens ook voor het transitoverkeer van en naar andere West-Europese landen worden gebruikt.
Samen met België en Luxemburg vormt Nederland de zgn. Benelux – een verbond dat o.a. een vrij handels- en personenverkeer tussen deze drie landen mogelijk heeft gemaakt.
Nederland is ook lid van de Europese Gemeenschap (EG), het Europaparlament, de Noord Atlantische Verdrags Organisatie (NAVO), de Raad van Europa, de Organisatie voor Economische Samenwerking (OESO) en de Verenigde Naties (VN).

# Woordenlijst (Wörterverzeichnis)

## LES 1

| | |
|---|---|
| prospectus (het) | Prospekt |
| indruk (het) | Eindruck |
| gebied (het) | Gebiet |
| Vereniging voor Vreemdelingenverkeer V.V.V. (de) | Verkehrsverein |
| afkorten | abkürzen |
| begrip (het) | Begriff |
| folder (de) | Prospekt |
| genoegen (het) | Vergnügen/hier: Freude |
| kleurenfoto (de) | Farbfoto/Farbbild |
| bekijken | ansehen |
| zo spoedig mogelijk | sobald wie möglich |
| zich verheugen | sich freuen |
| gemakkelijk | leicht |
| zich verplaatsen | versetzen/den Ort wechseln/ beweglich sein |
| Dat hangt er van af | Das kommt darauf an |
| verloop (het) | Verlauf |
| bevallen | hier: gefallen |
| vergadering (de) | Versammlung |
| Dat valt niet mee ... | Das ist nicht leicht ... |
| daarna | danach/nachher |
| bespreking (de) | Besprechung |
| vertegenwoordiger (de) | Vertreter |
| ... we zijn van plan | ... wir haben vor |
| opnieuw | aufs neue/erneut |
| reisroute (de) | Reisestrecke |
| vaststellen | festlegen |
| plekje (het) | Ort |
| aanbevelen | empfehlen |
| autokaart (de) | Autokarte |
| Nationaal Bureau voor Tourisme (het) | Nationales Touristenbüro (Niederländische Fremdenverkehrszentrale) |

| | |
|---|---|
| Landelijke centrale | Überregionale Zentrale/Nationale Zentrale |
| Daar zullen we veel gemak van hebben | Davon werden wir profitieren |
| trouwens | übrigens/freilich |
| Koninklijke Nederlandse Automobiel Club – K.N.A.C. | Königlich-Niederländischer Automobilclub (wie der ADAC in der Bundesrepublik) |
| overzichtlijk | übersichtlich |
| stellig | gewiß/bestimmt/sicher(lich) |
| verkeersvoorschrift (het) | Verkehrsvorschrift |
| grondig | gründlich |
| bestuderen | hier: sich ansehen |
| aantrekkelijk | reizend/anziehend |
| kant (de) | Seite |
| bezienswaardigheid (de) | Sehenswürdigkeit |
| natuurschoon (het) | Naturschönheiten |
| bezig houden | beschäftigen |
| de moeite waard | der Mühe wert/es lohnt sich |
| bij voorbaat dank | im voraus (besten) Dank |
| Over drie weken | In drei Wochen |
| tenzij | es sei denn |
| ... iets tussen komt | ... etwas dazwischen kommt |
| bepaalde werkzaamheden | gewisse Arbeiten/Sachen/Tätigkeiten |
| op de zaak | im Geschäft/in der Firma/im Büro |
| enige data (meervoud) | einige Termine |
| verschuiven | verschieben |
| een beetje | ein bißchen |
| onzeker | ungewiß |
| een poosje uit | eine Weile ausspannen |
| dagelijkse sleur (de) | Alltagstrott |
| nerveus | nervös |
| overspannen (zich) | überarbeiten (sich)/abgespannt sein |
| toeren | Spazierfahrt machen |
| afwisseling (de) | Abwechslung |
| bos (het) | Wald |
| frisse zeelucht (de) | frische Seeluft |
| kust (de) | Küste |
| zich vergissen | sich irren |
| verlangen | verlangen/sich sehnen |

| | |
|---|---|
| net zo | genauso |
| waarschijnlijk | wahrscheinlich |
| echter pas | jedoch erst |
| tot ziens | auf Wiedersehen |
| hartelijke groeten | herzliche Grüße |
| elkaar | einander |
| de volgende lessen | die nächsten Lektionen |
| vertellen | erzählen |
| beleven | erleben |
| in het algemeen | im allgemeinen |
| tegenover | gegenüber |
| betekenis (de) | Bedeutung |
| Er wordt op gewezen... | Es wird darauf hingewiesen... |
| ontleende woorden | entnommene/entlehnte Wörter |
| Latijn | Latein |
| Latijnse uitgang | lat. Endung |
| opstel (het) | Aufsatz |
| inhoud (de) | Inhalt |

## LES 2

| | |
|---|---|
| tot dusver | bis jetzt |
| uitstekend | ausgezeichnet |
| inrichten | einrichten |
| de geplande datum | das geplante Datum |
| hopelijk | es steht zu hoffen/hoffentlich |
| nakijken | nachsehen/prüfen |
| passeren | passieren |
| grens (de) | Grenze |
| vlot | flott |
| personenauto (de) | Personenwagen/PKW |
| vrachtwagen (de) | Lastkraftwagen/LKW |
| marechaussee (Koninklijke) | Grenzpolizei (Königliche) |
| paspoort (het) | Reisepaß |
| persoonsbewijs (het) | Personalausweis |
| rijbewijs (het) | Führerschein |
| kentekenbewijs (het) | Zulassung |
| tonen | zeigen |

| | |
|---|---|
| verzekering (de) | Versicherung |
| wettelijke aansprakelijkheid (de) | Haftpflicht |
| grenswisselkantoor (het) | Grenz-Wechselstube |
| geïllustreerde brochure (de) | illustrierter Prospekt |
| afbeelding (de) | Abbildung |
| verkeersbord (het) | Verkehrsschild |
| weg (de) | Weg |
| voor alle zekerheid | sicherheitshalber |
| zich bezig houden | sich beschäftigen |
| enthousiast | begeistert |
| verwoest | verwüstet |
| herbouwen | wiederaufbauen |
| parkeerplaats (de) | Parkplatz |
| tuinaanleg (de) | Grünanlage |
| winkelpromenade | Geschäfts- und Fußgängerzentrum |
| vol met mensen | voller Menschen (lebhaft) |
| zo maar wat | so mal/einfach so |
| schoon | sauber |
| terras(je) (het) | Terrasse |
| werkelijk | wirklich |
| laat-gotisch | spätgotisch |
| openluchtmuseum (het) | Freilichtmuseum |
| alvast | hier: schon/bereits |
| molen (de) | Mühle |
| boerderij (de) | Bauernhof |
| brug (de) | Brücke |
| klederdracht (de) | Tracht |
| begin (het) | Anfang |
| autoweg (de) | Autostraße |
| we hadden het zo naar onze zin | es gefiel uns so gut |
| provincie (de) | Provinz |
| logeren | übernachten |
| bemiddeling (de) | Vermittlung |
| belevenis (de) | Erlebnis |
| heide/hei (de) | Heide |
| bordje (het) | Schild |
| fietspad (het) | Radfahrweg |
| uitsluitend | ausschließlich |
| fietser (de) | Radfahrer |
| veilig gevoel (het) | sicheres Gefühl |

| | |
|---|---|
| Rijksmuseum (het) | Reichsmuseum/Staatliches Museum |
| overzichtelijk | übersichtlich |
| enorme | enorm/sehr groß |
| collectie (de) | Sammlung/Kollektion |
| schilderij (het) | Gemälde |
| Franse meesters (de) | die französischen Meister (Mehrzahl) |
| prachtige tuin (de) | prächtiger Garten |
| beeldhouwwerk (het) | Skulptur/Bildhauerarbeit |

## LES 3

| | |
|---|---|
| kruidkoek (de) | Gewürzkuchen |
| fietstocht (de) | Fahrradtour |
| naar het noorden | Richtung Norden |
| landschap (het) | Landschaft |
| vlak | flach |
| weide (de) | Weide/Wiese |
| sloot (de) | Graben |
| koe (de) | Kuh |
| koeien (de) | Kühe |
| prachtbeest (het) | Prachtexemplar |
| ontzettend leuk | ausgesprochen nett |
| plaatsvinden | stattfinden |
| trottoir (het) | Bürgersteig |
| kleine boten | hier: Stechkähne |
| vervoer (het) | Transport |
| melkbus (de) | Milchkanne |
| tochtje (het) | kleine Fahrt |
| smalle houten bruggen | schmale Holzbrücken |
| lijken | scheinen |
| erg pittoresk | sehr malerisch |
| waag (de) | (Stadt)waage |
| onder elkaar | untereinander |
| streekdialekt (het) | lokaler Dialekt/Mundart |
| we kwamen er achter | wir kamen dahinter |
| Fries (de) | der Friese |
| Fries (het) | friesisch |
| literatuur (de) | Literatur |
| Friese kruidkoek (de) | friesischer Gewürzkuchen |

| | |
|---|---|
| via | über |
| Afsluitdijk (de) | Abschlußdeich |
| Noordzee (de) | Nordsee |
| rechterkant (de) | rechte Seite |
| voormalige | ehemalige |
| Zuiderzee (de) | Zuidersee |
| IJsselmeer (het) | Ysselsee |
| aan de linker | zur Linken |
| dwars | quer |
| Wieringermeerpolder (de) | Wieringermeerpolder |
| gewoon | hier: einfach |
| vroeger | früher |
| grondgebied (het) | Gebiet/Boden |
| vergroten | vergrößern |
| aanleggen | anlegen/hier: bauen |
| binnenmeer (het) | Binnensee |
| zoet water (het) | Süßwasser |
| zout water (het) | Salzwasser |
| een knappe onderneming | ein kluges Unternehmen/eine gute Leistung/ein einmaliges Unternehmen |
| we troffen het goed | wir trafen es gut |
| waaggebouw (het) | Stadtwaage |
| drager (de) | Träger |
| costuum (het) | Anzug |
| carillon (het) | Glockenspiel |
| vrolijk | fröhlich/lustig |
| wijsje (het) | Melodie |
| Het was zeer de moeite waard | Es lohnte sich sehr |
| een stukje kaas | ein Stückchen Käse |
| proeven | kosten/probieren |
| ronde Edammer (de) | runder Edamer |
| benzine (de) | Benzin |
| pompbediende (de) | Tankwart |
| benzinestation (het) | Tankstelle |
| ofschoon | obwohl |
| dagboek (het) | Tagebuch |
| blij | froh |
| ervaring (de) | Erfahrung |
| tot de volgende keer | bis zum nächsten Mal |

# LES 4

| | |
|---|---|
| dat het nu mijn beurt is | daß ich nun an der Reihe bin |
| dokter (de) | Arzt |
| in bed blijven | im Bett bleiben |
| ernstig | ernsthaft |
| jammer | schade |
| zodra | sobald |
| beter zijn | geheilt sein/genesen |
| trouwens | übrigens/freilich |
| voorspoedig | reibungslos |
| juist | gerade |
| klederdracht (de) | Tracht |
| bandenpech (de) | Reifenpanne |
| tamelijk nieuw | ziemlich neu |
| hard rijden | schnell fahren |
| zonder moeite | ohne Mühe |
| manoeuvreren | lenken/manövrieren |
| reserveband (de) | Reservereifen/Reserverad |
| kapotte Band (de) | defekter Reifen |
| de motor sloeg af | der Motor setzte aus |
| ik wist niet waaraan het lag | ich wußte nicht, was es sein konnte |
| euvel (het) | Übel |
| verhelpen | beheben |
| redder in de nood (de) | Retter in der Not |
| Wegenwacht (de) | Straßenwacht |
| Algemene Nederlandse Wielrijdersbond A.N.W.B. | wörtlich: Allgemeiner Niederländischer Radfahrerbund/ Schwesterorganisation der K.N.A.C. (ADAC in der Bundesrepublik Deutschland) |
| onderweg | unterwegs |
| garage (de) | Garage/hier: Autowerkstatt |
| tevens | zugleich |
| koppeling nazien (de) | Kupplung nachsehen |
| nieuwe zekering ingezet (de) | die Sicherung ausgewechselt |
| carburator instellen (de) | den Vergaser einstellen |
| doorsmeren | abschmieren |
| rem (de) | Bremse |
| bijstellen | nachstellen |

| | |
|---|---|
| accu (de) | Batterie |
| opladen | aufladen |
| tenslotte | schließlich |
| voorruit (de) | Windschutzscheibe |
| achterruit (de) | Heckscheibe |
| een goede beurt hebben | gut nachsehen lassen |
| waarschijnlijk | wahrscheinlich |
| kou vatten | sich erkälten |
| klagen | klagen |
| pijn (de) | Schmerz |
| keel (de) | Hals/Kehle |
| koorts (de) | Fieber |
| recept (de) | Rezept |
| medicijn (de) | Medikament |
| apotheek (de) | Apotheke |
| kosmopolitisch | kosmopolitisch |
| slenteren | schlendern |
| drukke boulevard (de) | lebhafter Boulevard |
| duif (de) | Taube |
| vogel (de) | Vogel |
| plein (het) | Platz |
| uitgaanscentrum (het) | Zentrum |
| schouwburg (de) | Schauspielhaus |
| Stadsschouwburg (de) | Städtisches Schauspielhaus |
| balletuitvoering (de) | Ballettaufführung |
| onder andere | unter anderem |
| Vredespaleis (het) | Friedenspalast |
| bezichtigen | besichtigen |
| parlementsgebouw (het) | Parlamentsgebäude |
| missen | verpassen |
| badplaats (de) | Badeort |
| daarna | danach |
| haven (de) | Hafen |
| wereld (de) | Welt |
| beroemde | berühmte |
| belangstelling (de) | Interesse |
| hedendaagse techniek (de) | Technik der Gegenwart |
| tentoonstelling (de) | Ausstellung |
| omgeving (de) | Umgebung |
| Drielandenpunt (het) | Dreiländereck |

Dan zit de vakantie er weer op	Dann ist der Urlaub wieder vorbei

## LES 5

| | |
|---|---|
| jubileum (het) | Jubiläum |
| hoofd van de afdeling (het) | Abteilungsleiter |
| personeelszaken (de) | Personalangelegenheiten |
| eergisteren | vorgestern |
| vieren | feiern |
| onderneming (de) | Unternehmen |
| zaal (de) | Saal |
| hoofdkantoor (het) | Hauptverwaltung |
| feestelijk | feierlich |
| versieren | schmücken |
| gezamenlijk personeel (het) | gesamtes Personal |
| direktie (de) | Direktion |
| leden (meerv.) lid (enkelv.) | Mitglied(er) |
| raad van bestuur (de) | (Haupt)Vorstand |
| begeleiden | begleiten |
| om klokslag 4 uur | Punkt 4 Uhr |
| betreden | betreten |
| begroeten | begrüßen |
| feestrede (de) | Festrede |
| voorzitter (de) | Vorsitzender |
| voorrecht (het) | Vorrecht |
| achten | halten |
| te midden van | inmitten von |
| gezelschap (het) | Gesellschaft |
| roemen | rühmen |
| verdienste (de) | Verdienst |
| voortreffelijk | hervorragend |
| leiden | führen/leiten |
| vaderlijke vriend (de) | väterlicher Freund |
| raad (de) | Rat |
| situatie (de) | Situation |
| afgelopen | vergangene |
| medewerker (de) | Mitarbeiter |
| schatten | schätzen |

| | |
|---|---|
| raadsman (de) | Ratgeber/Berater |
| achten | achten/ehren |
| probleem (het) | Problem |
| uiteenzetten | auseinandersetzen |
| eenvoudig | einfach |
| wijze (de) | Art und Weise |
| voortgaan | weitergehen |
| telkens weer | immer wieder |
| de juiste man op de juiste plaats | der richtige Mann an der richtigen Stelle |
| moeilijkheid (de) | Schwierigkeit |
| rustig | ruhig/in Ruhe |
| kwestie (de) | Angelegenheit |
| pijnlijk | peinlich |
| debat (het) | Debatte |
| uit elkaar gaan | auseinandergehen |
| scheiden | scheiden |
| gevoelens | Gefühle |
| onbehagen (het) | Unbehagen |
| feliciteren | gratulieren |
| uit naam van | im Namen von |
| van harte | von Herzen |
| gezondheid (de) | Gesundheit |
| ten behoeve van | zugunsten von |
| uzelf | Sie selbst |
| bedrijfsleiding (de) | Betriebsführung/Geschäftsleitung |
| achting (de) | Achtung |
| waardering (de) | Anerkennung |
| prijzen | loben/preisen |
| samenwerking (de) | Zusammenarbeit |
| spreker (de) | Sprecher |
| cadeau (het) | Geschenk |
| redevoering (de) | Rede/Vortrag |
| champagne (de) | Sekt/Champagner |
| iedereen | jedermann/ein jeder |
| aanstoten | anstoßen |
| klinken | anstoßen |
| receptie (de) | Empfang |
| in volle gang | im vollem Gang |
| de hand drukken | die Hand schütteln |

| | |
|---|---|
| braden | braten |
| kok (de) | Koch |
| temperatuur (de) | Temperatur |
| taart (de) | Torte |
| waarover | worüber |
| afscheid nemen | sich verabschieden |
| geslaagde dag (de) | gelungener Tag |
| slagen | hier: gelingen |
| ongaarne | ungern |
| gemengd | gemischt |
| academisch | akademisch |
| titel (de) | Titel |
| doctor (de) | Doktor |
| psycholoog (de) | Psychologe |
| meester in de rechten (de) | Volljurist |
| Ingenieur (Ir.) (de) | Diplom-Ingenieur |
| Rechtswetenschap (de) | Rechtswissenschaft |
| promoveren | promovieren |
| examen (het) | Prüfung/Examen |
| economie (de) | Wirtschaft |
| juridische practijk (de) | juristische Praxis |
| uitoefenen | ausüben |
| het geval | der Fall |
| als zodanig | als solcher |
| beroep (het) | Beruf |
| aanspreken | anreden |
| adressering (de) | Adressierung |
| luiden | lauten |
| aanhef (de) | Anfang |
| geachte Heer | geehrter Herr |
| uitvoerig | ausführlich |
| medisch | medizinisch |
| desgewenst | auf Wunsch |
| Hogere Technische School (HTS) | Höhere Technische Schule |
| Technische Hoge School | Technische Hochschule |
| niveau (het) | Niveau/Ebene |
| hoogleraar | Hochschullehrer |
| vergelijkbaar | vergleichbar |
| onderwijsinrichting (de) | Ausbildungsinstitut |
| predikant (de) | Prediger/Pfarrer (Prof.) |

| | |
|---|---|
| kerkelijke gemeente (de) | Kirchengemeinde |
| theoloog (de) | Theologe |
| theologie (de) | Theologie |
| ambt (het) | Amt |
| in het ambt staan | im Amt sein |
| pater (de) (r.k.) | Pater |
| kapelaan (de) (r.k.) | Kaplan |
| pastoor (de) (r.k.) | (katholischer) Pastor/Pfarrer |
| adellijk | adlig |
| erfelijk | erblich |
| baron (de) | Baron/Freiherr |
| baronesse (de) | Baronin/Freifrau |
| graaf (de) | Graf |
| gravin (de) | Gräfin |
| jonkheer (de) | etwa: Junker |
| stof (de) | Stoff |
| afleiden | ableiten |
| blik (het) | Blech |
| goud (het) | Gold |
| koper (het) | Kupfer |
| metaal (het) | Metall |
| staal (het) | Stahl |
| ijzer (het) | Eisen |
| hout (het) | Holz |
| papier (het) | Papier |
| wol (de) | Wolle |
| brouwer (de) | Brauer |
| advocaat (de) | Rechtsanwalt |
| notaris (de) | Notar |
| testament (het) | Testament |
| preken | predigen |
| dierenarts (de) | Tierarzt |
| dominee (de) | Pfarrer |
| college geven (het) | Vorlesung/Kolleg lesen |
| behartigen | beherzigen/hier: vertreten |
| juridisch | juristisch |
| advies (het) | Beratung/Gutachten/Rat |
| patiënt (de) | Patient |
| alvorens | bevor/ehe |
| hek (het) | Zaun/Gitterzaun |

| | |
|---|---|
| envelop (de) | Briefumschlag |
| sleutel (de) | Schlüssel |
| kraan (de) | Wasserhahn |
| mantel (de) | Mantel |
| opstel (het) | Aufsatz |

## LES 6

| | |
|---|---|
| Ik hou van jou (je) | Ich liebe Dich |
| een rood gezicht | ein rotes Gesicht |
| opwinding (de) | Aufregung |
| binnenstormen | hineinstürmen |
| rustig | ruhig |
| onmiddelijk | sofort/sogleich |
| tot bedaren brengen | beruhigen |
| Wat is er aan de hand? | Was ist los? |
| woedend | wütend |
| uitroepen | ausrufen |
| ruzie (de) | Streit/Krach |
| beterschap (de) | Besserung |
| huwelijk (het) | Ehe |
| gebeuren | geschehen |
| ziek | krank |
| de tong uitsteken | die Zunge herausstrecken |
| uitlachen | auslachen |
| afwassen | abwaschen |
| afdrogen | abtrocknen |
| meestal | meistens |
| per ongeluk | aus Versehen |
| uitschelden | ausschimpfen |
| sufferd (de) | Döskopf |
| enzovoort | und so weiter |
| stoffer (de) | Handfeger |
| blik (het) | Blechschaufel |
| opruimen | wegräumen |
| scherf (de) | Scherbe |
| dom | dumm |
| afrennen | hinunterrennen |

| | |
|---|---|
| inhalen | einholen |
| opnieuw | aufs neue |
| jas (de) | Mantel |
| kapstok (de) | Garderobenständer |
| aantrekken | anziehen |
| dichttrekken | zuziehen |
| uitglijden | ausrutschen |
| bananeschil (de) | Bananenschale |
| vasthouden | festhalten |
| een geparkeerde auto | ein geparktes Auto |
| telefooncel (de) | Telefonzelle/Fernsprechzelle |
| verwonderd opkijken | erstaunt angucken |
| raad (de) | Rat |
| onderweg | unterwegs |
| uitleggen | auslegen/erklären |
| kwaad | böse |
| de hand geven | die Hand schütteln |
| weggaan | fortgehen |
| verstrooid | zerstreut |
| regenjas (de) | Regenmantel |
| tranen | Tränen |
| traan (de) | Träne |
| oog (het) | Auge |
| fluisteren | flüstern |
| tegen hem | zu ihm |
| suffen | dösen |

## LES 7

| | |
|---|---|
| fabriek (de) | Fabrik/Werk |
| lawaai (het) | Lärm |
| leek (de) | Laie |
| motor (de) | Motor |
| draaien | drehen/hier: laufen |
| op volle toeren | auf Touren kommen |
| mecanicien (de) | Mechaniker |
| werkplaats (de) | Werkhalle/Werkstatt |
| opstellen | aufstellen |

155

| | |
|---|---|
| elektricien (de) | Elektriker/Elektrotechniker |
| nieuwe leidingen (de) | neue Leitungen |
| verlichting (de) | Beleuchtung |
| heviger | heftiger |
| ten minste | wenigstens |
| vuilniswagen (de) | Müllwagen |
| ingang (de) | Eingang |
| vuilnisman (de) | Müllmann |
| vuilnisemmer (de) | Mülleimer |
| naar buiten dragen | hinaustragen |
| storten | kippen |
| vuilnis (het)/vuil (het) | Müll |
| fijnmalen | feinmahlen |
| vrij rondlopen | frei herumlaufen |
| bekijken | begucken/ansehen |
| techniek (de) | Technik |
| niet veel afweten | nicht viel wissen |
| volslagen | völlig |
| a-technisch | untechnisch |
| dat interesseert mij helemaal niet | das interessiert mich nicht im geringsten |
| niet in het minst | ganz und gar nicht/überhaupt nicht |
| bedrijfsleider (de) | Betriebsleiter |
| hardnekkig | hartnäckig |
| hoe alles in z'n werk gaat | wie alles läuft/vor sich geht |
| trots (de) | Stolz |
| nou | nun |
| hij heeft het geweten | hier: er hätte es wissen müssen |
| de onmogelijkste dingen | die unmöglichsten Sachen |
| enthousiast | begeistert |
| onnozel | albern |
| toegeven | zugeben |
| waartoe | wozu |
| eigenlijk | eigentlich |
| sleutel (de) | Schlüssel |
| tegelijkertijd | zu gleicher Zeit/zugleich |
| ontwapenende antwoord (het) | entwaffnende Antwort |
| uitschakelen | ausschalten |
| nieuws (het) | hier: Neuigkeit |
| waardoor | wodurch |

| | |
|---|---|
| laboratorium (het) | Labor |
| ontlopen | entfliehen/entgehen |
| rechter hand (de) | rechter Hand/rechts |
| welwillend | wohlwollend |
| een kijkje nemen | sich etwas ansehen |
| kennelijk | offenbar/offensichtlich |
| het hoofd | hier: Leiter |
| plaatsvervanger (de) | Stellvertreter |
| stellig | sicher(lich)/gewiß/bestimmt |
| naar... voert | zu... führt |
| ruim(e) | geräumig |
| technische apparatuur (de) | technische Apparatur |
| glazen buis (de) | Glasröhre |
| retort (de) | Retorte |
| verscheidene | verschiedene |
| laborant (de) | Laborant |
| fysicus (de) | Physiker |
| sympathiek | sympathisch |
| eveneens | ebenfalls |
| behoren | gehören |
| ressort (het) | Ressort |
| matig | mäßig |
| niets is nu eenmaal zo waar | Nichts ist so wahr |
| evenmin | ebensowenig |
| natuurwetenschap (de) | Naturwissenschaft |
| slecht | hier: unfähig |
| bedrijf (het) | Betrieb |
| overtuigd zijn | überzeugt sein |
| daarentegen | dagegen/demgegenüber |
| fietser (de) | Radfahrer |
| aan het verstand brengen | etwas klarmachen/beibringen |
| vak (het) | Fach/Beruf |
| toon (de) | Ton |
| achting (de) | Achtung |
| imponerend | imponierend |
| hoeveelheid (de) | Menge |
| buis (de) | Röhre |
| scheikundige (chemische) proef (de) | chemischer Versuch |
| integendeel | im Gegenteil |
| beroep (het) | Beruf |

| | |
|---|---|
| behalve | außer |
| een zekere aanleg | eine gewisse Begabung/Veranlagung |
| waarheid (de) | Wahrheit |
| koe (de) koeien | Kuh/Kühe |
| een waarheid als een koe | eine Binsenwahrheit |
| verstand (het) | Ahnung/Verstand |
| overdenken | überlegen/überdenken |
| ondanks | trotz |
| moeite (de) | Mühe |
| duidelijk maken | klarmachen |
| hoewel | obwohl |
| noch het laboratorium, noch de fabriek | weder das Labor noch die Fabrik |
| zich thuisvoelen | sich heimisch fühlen |
| afscheid nemen | sich verabschieden |
| laconiek | lakonisch |
| indien | wenn/als |
| luiden | lauten |
| droog | trocken |
| waartoe/waarvoor | wozu |
| waardoor | wodurch |
| op de man af | direkt/ohne Umschweife/geradeheraus |
| daarentegen | dagegen/demgegenüber |
| toen | als |
| dan/daarna | danach |
| indien/als | wenn/als/falls |
| zo/zozeer | so |
| niet in het minst/helemaal niet | ganz und gar nicht/überhaupt nicht/nicht im geringsten/nicht im mindesten |
| kunstenaar (de) | Künstler |
| fysiek | körperlich |
| term (de) | Ausdruck |
| musicus (de) | Musiker |
| academicus (de) | Akademiker |
| cliënt (de) | Kunde |
| efficënt | zweckmäßig/wirtschaftlich |
| cliëntèle (de) | Kundschaft |
| kerngezond | kerngesund |

## LES 8

| | |
|---|---|
| conversatie (de) | Konversation/Unterhaltung |
| hoe zo? | wieso? |
| stond je daar te praten? | Sprachst Du da? (Standest Du da und sprachst?) |
| kwam mij zo bekend voor | kam mir so bekannt vor |
| toevallig | zufällig |
| tegenkomen | begegnen |
| voordeel (het) | Vorteil |
| zonderling(e) | sonderbar/merkwürdig/seltsam/sonderlich |
| aanspreken | ansprechen |
| niet goed wijs | nicht gescheit/verrückt |
| onzin (de) | Unsinn |
| lenen | leihen |
| weet ik veel! | was weiß ich |
| Zeg, iets anders: | Sag mal (Hör mal), etwas anderes: |
| hij zit in zaken | Er macht Geschäfte |
| een principe huldigen | sich zu einem Grundsatz bekennen |
| principe (het) | Prinzip |
| winstgevend | gewinnbringend |
| tegenspreken | widersprechen |
| intussen | inzwischen |
| solliciteren | sich bewerben |
| bv (beperkte vennootschap) | etwa: G.m.b.H. |
| besluit (het) | Beschluß/Entscheidung |
| afhangen | abhängen |
| nog niet genomen | hier: noch nicht getroffen/gefallen |
| betrekking (de) | Stelle |
| baan (de) | Job |
| werkklimaat (het) | Arbeitsklima |
| overkant (de) | andere Seite/drüben |
| dezelfde | derselbe/dieselbe |
| verleden jaar | vergangenes Jahr |
| zo'n wagen | solch ein Wagen |
| dergelijk(e) | dergleiche/derartige |
| vroeger | früher |
| in het begin | am Anfang |
| zodanig(e) | derartige |

| | |
|---|---|
| benzine (de) | Benzin |
| hetgeen wil zeggen | was sagen will |
| zuinig(er) | sparsam(er) |
| in het gebruik | in Gebrauch |
| stoplicht (het) | Ampel |
| wegrijden | wegfahren |
| nog net op tijd | noch gerade |
| het grone licht | hier: Grün |
| gauw | bald |
| waaraan | an dem |
| waarvan | von dem/von der |
| waarmee | womit |
| met wie | mit wem |
| aan wie | wem |
| van welke | von dem/von der |
| dergelijke | derartige |
| zo'n | solch ein/derartige |
| omgangstaal (de) | Umgangssprache |

## LES 9

| | |
|---|---|
| snipperdag (de) | einzelner Urlaubstag |
| overdreven | übertrieben |
| last van de maag | Magenbeschwerden |
| gal (de) | Galle |
| lever (de) | Leber |
| vermoedelijk | vermutlich |
| nerveusiteit (de) | Nervosität |
| overwerken | Überstunden machen/länger arbeiten |
| ziekenhuis (het) | Krankenhaus |
| verpleegster (de) | Krankenschwester |
| verwennen | verwöhnen |
| operatie (de) | Operation |
| rust houden | ruhen |
| boemelen | bummeln |
| recept (het) | Rezept |
| medicijn (de) | Medikament |
| uitstekend | ausgezeichnet |

| | |
|---|---|
| opnemen | aufnehmen |
| tegoed hebben | zustehen/guthaben |
| verleden jaar | vergangenes Jahr |
| stadswijk (de) | Stadtviertel |
| een reuze idee | ein großartige Idee |
| in de vorige eeuw | im vergangenen Jahrhundert |
| boerderij (de) | Bauernhof |
| lege en verlaten vlakte (de) | einsame und verlassene Gegend |
| ze zeggen | man sagt |
| zuidelijke stadsrand (de) | südlicher Stadtrand |
| woonwijk (de) | Wohnviertel |
| er wordt zoveel gezegd | Man sagt so viel |
| pick-up (de) | Plattenspieler |
| schrikkeljaar (het) | Schaltjahr |
| vieren | feiern |
| platenspeler (de) | Plattenspieler |
| gramofoonplaat (de) | Schallplatte |
| beide | beide |
| soort (de) | Art/Sorte |
| symfonie (de) | Sinfonie |
| Concertgebouw Orkest (het) | Concertgebouw-Orchester |
| gebouw (het) | Gebäude |
| componeren | komponieren |
| wacht even | Warte mal/Moment bitte |
| pakje sigaretten (het) | Schachtel Zigaretten |
| doosje lucifers (het) | Schachtel Streichhölzer |
| asbak (de) | Aschenbecher |
| kapot | kaputt |
| buiten | draußen |
| naar boven | nach oben |
| naar beneden | nach unten |
| post (de) | Post |
| postbode (de) | Briefträger |
| expresbrief (de) | Eilbrief |
| dringende aangelegenheid (de) | dringende Angelegenheit |
| huwelijk (het) | Hochzeit |
| getuige (de) | Zeuge |
| stadhuis (het) | Rathaus |
| te gast | zu Gast |
| bruiloft (de) | Hochzeitsfeier |

| | |
|---|---|
| eerder | eher/früher |
| verstrooid zijn | zerstreut sein |
| aanstaande vrouw (de) | künftige Ehefrau/Braut |
| pienter | gescheit/klug |
| bijdehand | gewandt/geschickt |
| communicatiestoornis (de) | Kommunikationsstörung/Verständigungsschwierigkeiten |
| vriend (de) | Freund |
| voorkomen | hier: verhindern/vorbeugen |
| telefoniste (de) | Telefonistin |
| trouwens | übrigens/freilich |
| gewend zijn | gewöhnt sein |
| benutten | ausnutzen |
| vermijden | vermeiden/verhüten |
| zacht gekookt eitje (het) | weichgekochtes Ei |
| ik had nit veel trek | Ich hatte nicht viel Appetit |
| snackbar (de) (Engl.) | Imbißstube |
| broodjeswinkel (de) | Imbißstube/Cafeteria |
| reuze praktisch | äußerst praktisch |
| sortering (de) | Sortierung/Auswahl |
| broodbeleg (het) | Brotbelag |
| enige tientallen | hier: viele/einige Dutzend |
| buitenlandse kaas (de) | ausländischer Käse |
| hardgekookt ei (het) | hartgekochtes Ei |
| Russische eieren (de) | Russische Eier |
| spiegelei (het) | Spiegelei |
| omelet (de) | Omelette |
| van de partij zijn | dabei sein/mitmachen |
| telefoonnummer (het) | Telefonnummer/Rufnummer |
| telefooncel (de) | Telefonzelle |
| telefoonboek (het) | Telefonbuch |
| snugger | klug/gescheit |
| experimenteren | experimentieren |
| geweldig | riesig/ungeheuer |
| willekeurig | willkürlich |
| weliswaar | zwar |
| voorkeur (de) | Vorzug |
| uitdrukking (de) | Ausdruck |
| buik (de) | Bauch |
| hoofdpijn (de) | Kopfweh |

| | |
|---|---|
| blindedarm (de) | Blinddarm |
| blindedarmontsteking (de) | Blinddarmentzündung |
| buikpijn (de) | Bauchschmerzen |
| maagpijn (de) | Magenschmerzen |
| versnipperen | zerschnippeln |

## LES 10

| | |
|---|---|
| vergadering (de) | Sitzung/Versammlung |
| lid (het) leden (meerv.) | Mitglied |
| ondernemingsraad (de) | Betriebsrat |
| vergaderzaal (de) | Sitzungssaal |
| agenda (de) | Tagesordnung |
| voorzitter (de) | Vorsitzender |
| notulen (de) | Protokoll |
| economische situatie (de) | wirtschaftliche Situation/Lage |
| bedrijf (het) | Betrieb/Unternehmen |
| rapport (het) | Bericht |
| commissie (de) | Kommission/Ausschuß |
| discussie (de) | Diskussion |
| rondvraag (de) | Verschiedenes |
| sluiting (de) | Schließung/Beendigung |
| aanwezig zijn | anwesend sein |
| secretaris (de) | Sekretär/Schriftführer |
| zitting (de) | Sitzung |
| uitzondering (de) | Ausnahme |
| bericht van verhindering (het) | (schriftliche) Entschuldigung |
| voorstellen | vorschlagen |
| Neemt u (het) mij niet kwalijk . . . | Entschuldigung/Nehmen Sie es mir nicht übel |
| in een opstopping zitten | sich in einem Verkehrsstau befinden |
| vorige | vorige/vergangene/letzte(r) |
| op- of aanmerkingen (de) | Bemerkungen |
| naar aanleiding van | anläßlich |
| onder dankzegging | mit Dank/mit Danksagung |
| goedkeuren | Verabschieden eines Protokolls/genehmigen |
| punt (het) | Punkt |

| | |
|---|---|
| treurig | traurig |
| bereiken | erreichen |
| bericht (het) | hier: Nachricht |
| medewerker (de) | Mitarbeiter |
| overlijden | sterben/hinscheiden |
| zich herinneren | sich erinnern |
| toegewijd | aufgeschlossen |
| volgend jaar (het) | kommendes Jahr |
| pensioen (het) | Ruhestand |
| met pensioen gaan | in den Ruhestand treten/in Pension gehen/pensioniert werden |
| doordacht | durchdacht/wohlüberlegt |
| advies (het) | Rat/Beratung/auch: Gutachten |
| midden (het) | Mitte |
| wegrukken | wegreißen/hinwegraffen |
| nagedachtenis (de) | Andenken/Gedächtnis |
| ogenblik (het) | Augenblick/Moment |
| stilte (de) | Stille |
| eren | ehren |
| bevatten | enthalten |
| overzicht (het) | Übersicht/Überblick |
| bespreking (de) | Besprechung |
| voorzitterschap (het) | Vorsitz |
| ter discussie stellen | zur Diskussion stellen |
| het woord hebben/vragen | zu Wort melden |
| Gaat uw gang | hier: Bitte schön |
| met betrekking tot | mit Bezug auf |
| maatregel (de) | Maßnahme |
| ten koste van | auf Kosten von |
| werkgelegenheid (de) | hier: Arbeitsplätze |
| personeel (het) | Personal |
| afgesloten | abgeschlossene |
| CAO (Collectieve Arbeids Overeenkomst) (de) | Tarifvertrag |
| rekening houden met | Rücksicht nehmen auf/berücksichtigen |
| pijnlijk | peinlich |
| inhoud (de) | Inhalt |
| negatief | negativ |
| medezeggenschap (de) | Mitbestimmung |

| | |
|---|---|
| voorkomen | zuvorkomen |
| staken | streiken |
| wegens | wegen |
| ontslag (het) | Kündigung |
| geval (het) | Fall |
| staking (de) | Streik |
| onaangenaam | unangenehm |
| eventueel/eventuele | eventuell/eventuelle |
| werktijdverkorting (de) | Kurzarbeit |
| van tijdelijke aard | vorübergehend |
| noodzakelijk | notwendig |
| opdat | damit |
| funktioneren | funktionieren |
| positief | positiv |
| op prijs stellen | Wert auf etwas legen/schätzen |
| gezamenlijk | hier: gemeinsam |
| instemmend | zustimmend/einstimmig |
| standpunt (het) | Standpunkt |
| het woord voeren | das Wort ergreifen |
| mening (de) | Meinung/Urteil |
| met algemene stemmen | einstimmig |
| advies (het) | hier: Stellungnahme |
| Raad van Bestuur (de) | (Haupt)Vorstand |

## LES 11

| | |
|---|---|
| allerlei | allerlei |
| iets | etwas |
| regering (de) | Regierung |
| parlement (het) | Parlament |
| koningin (de) | Königin |
| Staten-Generaal (de) | Generalstaaten |
| parlementaire jaar (het) | parlamentarisches Jahr |
| gemeenschappelijk | gemeinschaftlich |
| kamer (de) | Kammer |
| troonrede (de) | Thronrede/Regierungserklärung |
| democratie (de) | Demokratie |

# DEEL II

| | |
|---|---|
| onontbeerlijk | unentbehrlich |
| misverstand (het) | Mißverständnis |
| splitsen | teilen |
| samenhange (de) | Zusammenhang |
| buitenland (het) | Ausland |
| bijlage (de) | Beilage |
| zakenbrief (de) | Geschäftsbrief |
| sollicitatiebrief (de) | Bewerbungsschreiben |
| aanhef (de) | Anfang |
| emancipatie (de) | Emanzipation |
| afkorting (de) | Abkürzung |
| aanbeveling (de) | Empfehlung |
| essentieel | essentiell/wesentlich |
| advertentie (de) | Anzeige |
| sollicitant (de) | Bewerber |
| opleiding (de) | Ausbildung |
| afschrift (het) | Abschrift/Kopie |
| staat van dienst (de) | Leistungsstand |
| referentie (de) | Referenz |
| getuigschrift (het) | Zeugnis |
| afwijken | abweichen |
| mits | wenn nur |
| vakature (de) | offene Stelle |
| vooruitzicht (het) | Aussicht |
| promotie | Beförderung |
| cijferlijst (de) | Notenliste |
| vestiging (de) | Niederlassung |
| toewijding (de) | Hingebung |
| middelbare schoolopleiding (de) | mittlere Reife/Abitur |
| hiertegenover | demgegenüber |
| afspraak (de) | Verabredung/Termin |
| ziekenhuis (het) | Krankenhaus |
| verpleegkundige (de) | Krankenpfleger(in) |
| directrice (de) | Direktorin |
| Zr. (Afkorting) | Schwester |
| adm. (Afkorting v. administratief) | administrativ |
| voorkeur (de) | Vorzug |
| arbeidsvoorwaarde (de) | Arbeitsbedingung |

## B. Persoonlijke brieven

afwijken  abweichen
aanwijzing (de)  Anweisung/Angabe

## C. Zakenbrieven

costuum (het)  Anzug
kleermaker (de)  Schneider
tijdgebrek (het)  Zeitmangel
drukke bezigheden  dringende Geschäfte
achterwege  unterlassen
incassobureau (het)  Inkassodienst
remise (de)  Rimesse

## D. Gelegenheidsbrieven

droefheid (de)  Traurigkeit
overlijden  sterben/hinscheiden
crematie (de)  Einäscherung
condoleren  kondolieren/Beileid bezeigen
receptie (de)  Empfang
voorgenomen huwelijk (het)  geplante Hochzeit

## DEEL III

### De geschiedenis van het Koninkrijk der Nederlanden

geschiedenis (de)  Geschichte
ondergang (de)  Untergang
West-Romeins  weströmisch
onrust (de)  Unruhe
heerser (de)  Herrscher
graaf (de)  Graf
hertog (de)  Herzog
bisschop (de)  Bischof

| | |
|---|---|
| bestuur (het) | Verwaltung |
| Rekenkamer (de) | hier: Rechnungshof |
| adel (de) | Adel |
| voorname burgerstand (de) | vornehme Bürgerstand |
| stadhouder (de) | Statthalter |
| middeleeuwen (de) | Mittelalter |
| erven | erben |
| verzet (het) | Widerstand |
| prinsdom (het) | Fürstentum |
| proklameren | proklamieren |
| godsdienstvrijheid (de) | Glaubensfreiheit |
| Spaanse overheersing (de) | spanische Besatzung |
| zich verzetten | sich widersetzen |
| mogendheid | Staatsmacht |
| nakomeling (de) | Nachkomme |
| afscheiden | trennen |
| grondwet (de) | Grundgesetz/Landesverfassung |
| bevoegdheid (de) | Befugnis |
| onschendbaar | unverletzlich |
| grondsteen (de) | Grundstein |
| constitutionele monarchie (de) | konstitutionelle Monarchie |
| erfopvolging (de) | Erbfolge |

## Iets over politiek en staatkunde

| | |
|---|---|
| vertegenwoordigd zijn | vertreten sein |
| fractie (de) | Fraktion |
| veelheid (de) | Vielheit/Vielzahl |
| ten dele | zum Teil |
| coalitie (de) | Koalition |
| kiesgerechtigd | wahlberechtigt |
| overheidsdienst (de) | Staats-, Behördendienst |
| meerderjarige (de) | Volljährige(r) |
| bereiken | erreichen |
| leeftijd (de) | Alter |
| college (het) | Kollegium |
| gedeputeerde (de) | Deputierte(r) der Provinz (Landesminister) |
| op dezelfde wijze | gleicherweise |

| | |
|---|---|
| gemeenteraad (de) | Gemeinderat/Stadtverordneten-versammlung |
| wethouder (de) | Beigeordnete(r) |
| ambtstermijn (de) | Amtstermin |
| op voordracht van | auf Vorschlag von |
| Minister van Binnenlandse Zaken | Innenminister |

## Iets over Nederland

| | |
|---|---|
| ruim | mehr als |
| vierkante kilometer (de) | Quadratkilometer |
| dichtstbevolkt | dichtestbevölkert/dichtestbesiedelt |
| zeespiegel (de) | Meeresspiegel |
| laag liggend | niedrig liegend |
| oppervlakte (de) | Oberfläche/Areal |
| rivier (de) | Fluß/Strom |
| kanaal (het) | Kanal |
| sloot (de) | Graben |
| meer (het) | See |
| landbouw (de) | Landwirtschaft |
| visserij (de) | Fischerei/Fischwirtschaft |
| grondgebied (het) | Gebiet/Boden |
| uitbreiden | erweitern |
| aanleggen | anlegen |
| open verbinding (de) | offene Verbindung |
| inpoldering (de) | Eindeichung |
| vertrouwd zijn met | vertraut sein mit |
| beangstigend | beängstigend |
| dijk (de) | Deich |
| stormvloed (de) | Sturmflut |
| bezwijken | hier: brechen |
| om het leven komen | ums Leben kommen |
| waterbouwkundige (de) | Wasserbaukundige(r)/Wasserbau-Experte |
| ontwerpen | entwerfen |
| herhaling (de) | Wiederholung |
| stormramp (de) | Sturm-/Wasserkatastrophe |
| beschermen | schützen |

zeearm (de) Meeresarm
recreatiegebied (het) Erholungsgebiet
ligging (de) Lage
verbond (het) Bündnis
Economische Samenwerking Wirtschaftliche Zusammenarbeit

Den Haag, Passage

# Auszug aus unserem Verlagsprogramm

*Cornelius Huisman*
NIEDERLÄNDISCH FÜR ANFÄNGER
    27 Lektionen und 3 Teste – 4 Abb. und 1 Karte
    184 Seiten                                            DM 19,50

*Julius Burchardt*
DAS FRÖHLICHE DIKTAT
    Band 1
    2. bis 5. Schuljahr. 35.–38. Tsd. 80 Seiten       DM 5,80
    Band 2
    5. bis 9. Schuljahr. 30.–34. Tsd. 127 Seiten     DM 6,80

*Erich Marx*
SPIELE FÜR ALLE
    in Kindergarten, Vorschule, Hof und Halle
    Spiele für 4- bis 14jährige, die für die Kinder erzieherisch wertvoll
    und ihrem körperlichen Leistungsvermögen angepaßt sind.
    118 Seiten · 105 Abb.                          DM 8,80

*K. Dietrich, G. Dürrwächter und H.-J. Schaller*
DIE GROSSEN SPIELE
    Methodische Aufbereitung von Basketball, Handball,
    Fußball und Volleyball.
    224 Seiten · 140 Abb.                         DM 17,80

*H.-J. Schaller (Hrsg.)*
DIE GROSSEN PARTNERSPIELE
    für Tischtennis, Tennis, Indiaca und Badminton Liebhaber.
    280 Seiten · 110 Abb.                         DM 22,50

*Herreilers/Weichert*
WINDSURFEN – LEHREN UND LERNEN MIT PROGRAMM
    Ein Programm in Lernschritten für Anfänger und Könner
    dieser neuen faszinierenden Sportart.
    160 Seiten ·128 Abb.                          DM 18,—

Interessenten für internationale
Grafik fordern bitte Katalog an:
**arta** Vereinigung der Kunstfreunde
im Putty Verlag
Postfach 13 08 89
D-5600 Wuppertal 1